NOBODIES KOKORO

IN NOMINE PILU
(TOGHE, ESCORT, COCAINA)

LIBRO 7

AUTOPARCO DELLE TOGHE

AUTOPARCO DELLE TOGHE

L'associazione nazionale magistrati è un'associazione sovversiva e di stampo mafioso

(Francesco Cossiga, Presidente della Repubblica dal 1985 al 1992)

I

IL FUNESTO DEMIURGO VESTE TOGA ROSSA

> E la verità è che c'è qualcosa di terribilmente marcio in questo paese. Crudeltà e ingiustizia, intolleranza e oppressione. E lì dove una volta c'era la libertà di obiettare, di pensare, di parlare nel modo ritenuto più opportuno, lì ora avete censori e sistemi di sorveglianza, che vi costringono ad accondiscendere e sottomettervi.
> (V for Vendetta)

> L'ipocrisia è l'audacia di predicare l'integrità da un covo di corruzione.
> (Wes Fesler)

Mi chiama [Piera], uno dei miei avvocati, mi comunica che i PM Gianfranco Gallo e Valentina Mondovì vogliono archiviare il caso del furto e della simulazione di reato da parte della Miorin, Salati e complici; mi chiede cosa voglio fare, dice che in trent'anni di lavoro non ha mai visto un caso così; una richiesta di archiviazione senza nemmeno fare le indagini; le racconto che ho subito un furto simultaneo a questo, anche l'altro caso è stato archiviato, senza nessuna indagine, al pari di questo, le chiedo di opporsi all'archiviazione, lei è d'accordo, attendo sue.

Una giornata come le altre di febbraio duemila ventitré, chiamata WhatsApp, è Matteo, un mio collaboratore che vive in Svizzera, è un expertise di moda, lavora nel settore in qualità di commerciante, di rado, faccio delle vendite online, per ora non ho tempo di seguire un e-commerce con molti prodotti, faccio una o due vendite l'anno di articoli fashion verso dei clienti oltre oceano, Matteo mi aiuta a cercare la merce, mi verifica che non sia contraffatta, e se serve la imballa e la porta al corriere.

Matteo CH «Pronto Marco»

M «Ciao Matteo, dimmi?»

Matteo CH «Hai presente la merce che ti ho spedito? (intende spedito per conto mio)»

M «Quale? Balenciaga»

Matteo CH «Si, quella, quella che ti ho spedito da bergamo, da Orio al serio»

É tarda mattinata, ma non sono ancora completamente sveglio «Sì, ok ed allora cosa è successo?» sto pensando ad un incidente che mi abbia distrutto la merce, sono dei modelli appena usciti, di solito acquisto merce *old season*, ma questa volta erano capi nuovi, mi preoccupa che gli scatoloni si possano essere danneggiati, l'assicurazione degli spedizionieri rimborsa poco, non ho assicurato la spedizione.

Matteo CH «Mi ha chiamato il corriere dicendomi che hanno bloccato la merce per delle verifiche, ha chiamato me perché ho lasciato il mio numero, come mi hai chiesto tu»

M «Mandagli la documentazione, non la hai più?» gli ho detto che non deve spedire da bergamo perché sono sull'agenda rossa dei corrotti, mi chiedo perché fa di testa sua.

Matteo CH «No, l'ho buttata, tu non la hai?»

M «Certo che la ho, sai… la contabilità»

Matteo «Ok, mandamela»

M «No, fai scrivere a me, dagli la mia email, quella aziendale intendo, gli invio tutto»

Matteo CH «Ok, va bene»

Mi arriva la mail dalla dogana di BGY (Orio al serio Airport), invio tutto, continuano a bloccare la merce anche dopo aver verificato che è tutto regolare, mi scrivono che vogliono l'autorizzazione del marchio a rivendere la merce, è una palese scusa, non esiste ciò che chiedono; continuano con questa assurda richiesta e mi tengono ferma la merce, paziento, non si può fare altro.

Il lavoro va bene, in questo periodo in collaborazione ad un avvocato mi sto occupando della rimozione di articoli indesiderati, una mole di lavoro imponente, oltre mille articoli. Il cliente è stato assolto, è aprile, mi viene chiesto di ordinare due libri, contengono prove di diffamazione, uno si intitola Farmaci contraffatti, autore: Bramante. Non so nemmeno se questo libro possa essere chiamato tale, sono centotrentasei pagine con dieci righe su ogni pagina, no comment; il secondo è: Fiumi d'oro. Come la 'ndrangheta investe i soldi della cocaina nell'economia legale, gli autori sono: Antonio Nicaso un saggista italiano ed il famoso magistrato Nicola Gratteri; un po' mi dispiace per il dott. Gratteri, io lo seguo sui social, ma i fatti sono fatti, gli imputati tutti prosciolti e gravissimo il comportamento degli inquirenti.

In data 09/05/2023 ricevo una Pec dalla dogana di Milano, mi chiede di presentarmi per delle attività di sequestro parziale presso una società di spedizioni a Pioltello (MI), la cosa non mi tocca, sarà un altro controllo come quello di BGY, lo comunico all'avvocato, intanto attendo esiti.

01/06/2023, squilla il telefono, è un certo Maresciallo Bonaventura della GDF di via Valtellina, dice che deve farmi una notifica ed un sequestro preventivo, inizio ad essere preoccupato, non voglio mi sequestrino il telefono, mi presento alla caserma, è una notifica da Taranto, gli dico che non posso consegnargli il telefono.

M.llo Bonaventura «Che telefono?»

M «Avete detto sequestro preventivo»

M.llo Bonaventura «Non il telefono dobbiamo sequestrare, ma i crediti»

M «Che crediti?» il maresciallo mi mostra un foglio

M «Guardi che quei crediti non sono miei, io non ho crediti di superbonus»

M.llo «Non so cosa dire, DITE TUTTI LA STESSA COSA!»

M «Non capisco come li abbia…»

Mi fa il verbale, gli dico che sono domiciliato presso il mio avvocato, tutto regolare fino ad un certo punto

M.llo Bonaventura «Dove ha sede la sua attività?» sta scrivendo

M «Lavoro presso terzi»

Il maresciallo Bonaventura appare incline all'abuso di potere, quando avrò tempo mi rivolgerò in Corte costituzionale al fine di richiedere che l'indagato domiciliatosi presso un legale oppure una Pec, a sua tutela, deve avere il diritto di non dare informazioni sulla sua ubicazione, soprattutto per evitare abusi di potere ed arresti con prove false; nel mio caso, ci aggiungerei che il motivo per cui non voglio dirlo è di aver avuto a che fare con troppi mafiosi con la divisa.

Il PM è la dott.ssa Lucia Isceri; Inizio a pormi delle domande, come hanno generato quel credito? Telefono a Carmine e gli spiego che mi ha chiamato la GDF, dalla voce si capisce che si è agitato, Carmine lavora come l'idraulico e pronto intervento, non metterei la mano nemmeno nell'acqua calda che non mi venderebbe, troppe coincidenze, le informazioni che allineo sono queste:

Il nipote tramite un suo commercialista di fiducia doveva farmi il bilancio della vecchia Srls, ha fatto una firma elettronica a mio nome che io non ho autorizzato; Il nipote a sentire Carmine lavora in agenzia delle entrate, vive a Napoli; quindi, anche il commercialista è della zona; Ma chi ho saputo che si occupa di crediti fiscali? Maiorano, il Commercialista, iscritto all'ordine dei commercialisti di Salerno, uomo del mago Fiacca, il quale appare mi abbia ricettato i computer a Genova, amico e collaboratore dello studio Salati e che appare troppo ammanicato per essere indagato. Tempo fa tra le pratiche che stavo guardando mi è arrivata una proposta per i crediti fiscali in cambio di corsi, i cosiddetti crediti per l'industria 4.0, l'asseveratore era Luigi Maiorano; Carmine mi ha venduto, nega e afferma che il nipote non c'entra nulla, mentono, è sicuro, sono inoltre sicuro che ci sono dietro i poliziotti dell'ufficio passaporti.

I crediti di superbonus e fiscali in genere mi fanno pensare al fatto che lo stato non ha voluto creare un credito fiscale con un codice specifico per il risarcimento dei cittadini, in questo stato servirebbe dato che non pagano mai i danni da malagiustizia.

È il 21/10/2023, sono con un amico a prendere un tea in un bar, lo chiamerò Mario, gli parlo un po' della situazione e degli abusi di potere della polizia, troppe coincidenze; gli espongo la mia teoria sul fatto che a Milano alcuni agenti si siano uniti nel sodalizio ai miei danni, gli viene in mente una cosa.

Mario «Ma sai che era emerso che il Fiaccabrino aveva rapporti con alcuni poliziotti ai tempi?»

M «Intendi ai tempi dell'autoparco?»

Mario «Sì, sì, ma è una cosa nota, lo avevano scritto anche in un libro»

M «Che libro, ti ricordi il titolo?»

Mario «Mi pare si chiamasse, aspetta…» ci pensa un minuto «I Mandanti»

M «Aspetta, cerco su Amazon, trovato; lo ordino, arriva in qualche giorno, non è una spedizione Prime»

Mario «Ok, poi fammi sapere»

Ci salutiamo

Pochi giorni dopo un articolo interessante su un giornale online.

26 ottobre 2023 corriere del giorno: Toghe contro toghe. I veleni del palazzo di Giustizia di Milano: Scontro in tribunale sull' Inchiesta delle mafie in Lombardia, La procura contro il gip che ha smontato le indagini: "Dà pareri con il copia-incolla".

Trovo anche un interessante articolo di la7 di inizio anno: Ruby, Maurizio Gasparri: «Una porcheria! La magistratura politicizzata è il cancro di questo Paese, non andava fatto il processo».

Sono schifato, oramai in questo paese è una faida tra toghe sporche e pulite, ma le pulite sono in inferiorità numerica.

I primi giorni di novembre mi arriva il libro ordinato, l'autore è Gianni Cipriani, inizio a sfogliarlo velocemente alla ricerca delle informazioni a me necessarie, a pagina centosessantanove trovo quello che mi serve:

"L'autoparco della Mafia
Piccolo imprenditore siciliano trapiantato a Milano, candidato senza fortuna al Parlamento nelle liste del Psdi, massone di grado 33° del Rito Scozzese, ma nella Serenissima Gran Loggia di Milano, un gruppuscolo

piuttosto marginale nel panorama delle Obbedienze italiane federato alla Gran Loggia d'Italia piazza del Gesù. Con queste credenziali, Angelo Fiaccabrino avrebbe potuto essere tranquillamente scambiato per un faccendiere minore, a malapena inserito nel sistema criminale. Non era così. Fiaccabrino era il punto di riferimento di un gruppo di famiglie mafiose che avevano la loro base milanese in un autoparco di via Salomone; era particolarmente amico di un gruppo di poliziotti del commissariato Monforte, il IV distretto, che […]"

Commissariato Monforte? Il commissariato di via Poma dove i poliziotti che ho chiamato in mio soccorso mi hanno lasciato sfrattare infetto da covid-19, adesso inizia ad avere ancora più senso il tutto, non posso escludere non sia mai terminato il legame con i poliziotti di quel Commissariato. Non solo, forse grazie all'avv. Salati divenuto Magistrato Onorario, al maresciallo Giuseppe di Dio, in arte Cesare, i legami siano diventati più ampi e forti, appare quindi non sia causale il comportamento da bulla dell'agente al telefono. Voglio raccogliere maggiori informazioni.

È il 04/12/2023, chiamo Carmine, voglio capire se ha informazioni, gli idraulici hanno sempre informazioni, hanno molti clienti e sentono molte cose, quando lo conobbi, lavorava facendo del pronto intervento assieme a Pasquale, il mio cliente/collaboratore con cui facevo compravendita di ricariche telefoniche. Carmine non mi risponde, prova a chiamarmi dopo qualche minuto, ma non posso rispondere, mi manda un vocale dicendomi di passare dal suo negozio, gli scrivo:

M «Ciao, ti scrivo dopo, sono pieno di cose da fare»

Carmine «Ok, ciao»

M «Dobbiamo anche parlare, perché mi hanno bloccato ventottomila euro di merce in dogana, un'imputazione per contraffazione ed ho i flussi bloccati (il mio codice fiscale è segnalato in rosso sul sistema Sdi), devo sporgere denuncia perché qualcuno ha fatto smartcard a nome mio ed ha fatto passare milioni sui miei cassetti (fiscali), la banca mi ha chiuso i conti, tutto è successo dopo che sono stati depositati i bilanci da quello che ha fatto la contabilità alla cazzo, Intendo il bilancio [omissis] sbagliato. Quindi l'avv. mi ha detto di non passare di persona dove mi hanno clonato il pc (mi hanno clonato il pc mentre ero connesso al wi-fi libero del bar accanto al suo negozio dove si connette anche Carmine)»

Carmine «Vieni»

Non so come valutare la situazione, il mio sospetto è che Carmine sia al pari di Johnny l'argentino, Alfredo e gli altri. Sapeva dei miei problemi di stalking da parte delle divise sporche e sono quasi sicuro che quelli che mi hanno bloccato il passaporto si sono accordati con altri dopo aver chiesto in quale modo avevo preso l'appuntamento per recarmi in ufficio passaporti. Gli devono aver fatto un'offerta che non poteva rifiutare per vendere la mia pelle; avranno proposto una situazione come quella del PM Gallo, i rei non vengono perseguiti e in questo caso l'attenzione viene deviata su di me; devo essere in qualche modo fermato o tenuto in un limbo senza possibilità di reagire. Al nostro incontro Carmine farà finta di nulla. Per ora i rapporti resteranno buoni, evito lo scontro, mi servono informazioni, questo è l'obiettivo.

È ottobre duemila-ventitré, è passato quasi un anno dalla Pec inviata al ministero, il quale, di solito, agisce silenziosamente. Qualcosa è accaduto: Nisio ed Alfredo non si sono più fatti sentire, non è una notizia confortante: solitamente quando il ministero trova riscontro nell'arco di un anno avvengono gli arresti e i media pubblicano senza mettere nomi come è avvenuto per lo scandalo delle aste giudiziarie su alcuni immobili gestiti dal tribunale di Monza. Ad agosto ho raccolto tutte le informazioni che avevo ed ho deciso di raggrupparle in un unico fascicolo. Ol fatto che non mi abbiano interpellato in qualità di persona informata sui fatti dà adito ad ipotesi che ai piani alti le toghe sanno delle Frida di turno e proteggano il marcio. Inoltre, di recente ho visto il servizio delle Iene sulla morte di Dennis Verdini, il manager di Banca Monte dei Paschi di Siena: anche in questo caso il morto era a conoscenza di festini tra toghe ed escort, lo hanno fatto passare per un incidente. Sono passati per incidenti e/o morti naturali anche le morti di Nicola Cherchi il sardo e Luigi di Marco (Gigi). I media hanno diffuso una notizia preoccupante, cioè che è stata trovata una microspia nell'headquarter della banca. A gennaio di ogni anno Monte dei Paschi fa bonificare dalle microspie la propria sede, ma dopo molti anni con una società, proprio l'anno dello scandalo cambiò l'appalto, affidandosi ad una società diversa per quel lavoro, tutte coincidenze? dopo qualche giorno di congetture vedo una chiamata persa da Nisio, provo a richiamarlo, ma non risponde, mi richiama lui tramite WhatsApp, mi dice che è un anno che non ci sentiamo. Poi inizia a parlare del Maresciallo, difendendolo e mi innervosisco. Ad un certo punto dato che lo contraddico, esordisce con delle parole che mi fanno trasalire di rabbia.

Nisio «Marco, vado io a parlare col maresciallo, tu sei venuto a testimoniare per me, gli parlo io»

M «No, grazie, non voglio»

Nisio «Gli parlo io per te al maresciallo»

M «No, LUI E LA SUA COCAINA DI MERDA!»

Nisio «Posso dirtelo? Sei proprio un CALABRESE!»

M «Va bene, [Nisio], ciao, ciao»

Chiudo la chiamata, ripenso alle parole di Nisio, in passato mi aveva fatto delle battute dicendo «Ma anche tu sei bergamasco», la mia risposta era sempre stata «Io sono nato a Catanzaro quindi di origini calabresi e d'adozione sono metà bresciano e metà milanese, per dirlo in un acronimo: BREMI, che dovrebbe essere il vero nome della BREBEMI che è un'autostrada Brescia

Milano di fatto» Nisio rideva sempre quando glielo dicevo, non mi aveva mai dato del "calabrese" in quel modo critico. Di fatto lo prendo come un complimento, è un modo per dirmi: "non sarai mai un bergamasco perché non ti vuoi adeguare all'apologia di omertà!". La questione grave che avvalora i miei sospetti è il fatto che ha ritrattato e tentato di difendere il maresciallo, ovviamente per non avere ritorsioni. Questo significa che, anziché indagarlo, hanno portato alle orecchie del corrotto l'audio ed almeno parte della mia Pec inviata al Ministero. Insomma, si tratta di associazione a delinquere finalizzata alla fuga di notizie riservate ed alla rivelazione del segreto d'ufficio. Devo dedurre che verosimilmente siano coinvolti anche dei magistrati. Questa era una chiamata WhatsApp, sono riuscito a registrarne solo una parte, ma troverò il modo di provare quanto dico: il loro piano comunque mi è chiaro, stanno tentando di accerchiarmi. Non è un buon periodo per la magistratura, nel giugno di quest'anno è scoppiato lo scandalo della loggia Ungheria con i magistrati coinvolti ed un passaggio di informazioni sottobanco, poi vi è stata la condanna del magistrato Dott. Davigo.

Mi arriva una info relativa ad un articolo sul sito di primabergamo.it. Edo, o meglio, Eduard Vrucaj e amici sono diventati i nuovi proprietari del ristorante "da Franco", in città alta: leggo l'articolo dal sito e trovo il nome dei vecchi proprietari, ma a me interessava in particolar modo il cognome di uno...Massimo Nesti, ecco come si chiama uno dei soci del ristorante dove lavorava Eduard e di cui ora è proprietario. Frida era una "girl" speciale sotto un certo punto di vista; infatti, andava a prendere il caffè con la moglie di Massimo. Continuo a ridere quando leggo della: "lunga amicizia tra i ragazzi albanesi ed i loro titolari"; si dice così adesso? mi chiedo come si dica in albanese: "fare i ricottari conviene", potrebbero mettere lo slogan: "frank in corsarola se ne intende di profonda gola". Inoltre, saranno contenti i cugini, i ristoranti sono ottimi per il piccolo riciclaggio; vedo che nel duemila-ventuno risulta aperta una Vrucaj Srls: avrebbe dovuto chiamarla Vrucaj & Co. senza responsabilità tanto lui di

responsabilità non se ne è mai prese…
coerentemente le prove della sua
colpevolezza nel procedimento
"Frida" sono state eliminate dai
fascicoli e all'interno non si trovano
più.

Leggere la menzogna di Edo che stava
per tornare in Albania perché non
trovava lavoro mi conferma che erano
giuste le informazioni datomi allora:
Eduard, nato nel 1985, è arrivato in
Italia a circa vent'anni con la
motivazione dello studio; ha subito
iniziato a lavorare da Franco, ci
lavorava da almeno un anno quando lo
denunciai. Il fatto che nel duemilaotto
se ne stesse tornando al paese d'origine
non era dovuto al fatto che non trovava
lavoro, ma al fatto che le minacce che
cugini hanno perpetrato nei miei
confronti non hanno sortito effetto

alcuno. Mi chiedo se i giornali si rendono conto delle incongruenze che scrivono; asseriscono che Eduard ha lavorato senza un solo giorno di riposo da quando è stato assunto al ristorante da Franco e contemporaneamente dicono che se ne stava per tornare in Albania perché non trovava lavoro. Forse, intendono dire che non trovava nessun altro che lo assumesse perché presentava una Frida ad uno dei titolari: inoltre nessuna minaccia aveva raggiunto lo scopo sperato, la remissione della querela da parte mia. Chissà qual è il piatto della casa: ricotta col buco?!

È il due febbraio, mi sveglio assonnato come sempre, mi tocco il viso in bagno prima di lavarmelo, sono tre giorni che non mi rado, qualcosa non quadra, mi lavo il viso e guardo meglio, tra mento e collo, una chiazza delle dimensioni di un pollice senza barba come se non vi fosse mai cresciuta, un presagio di qualcosa di autoimmune, conosco bene le malattie psicosomatiche ed autoimmuni, me ne vennero da minorenne quando dovevo incassare continuamente, senza poter reagire.

Passano tre giorni, il mio avvocato, [S], riceve la Pec relativa alla fine delle indagini preventive per il sequestro della merce spedita da Malpensa. Le imputazioni sono gravi, ancora una volta cerco di capire cosa stia succedendo, sono andati anche a cercare tutte le bollette a me intestate e propongono perquisizioni, hanno messo l'indirizzo di un capannone a Crema e anche l'indirizzo di Cologno Monzese dove ho subito il furto, come sempre i pilastri con cui fanno certe indagini sono i soliti due: "autoreferenza e somara competenza". Spero proprio vadano a Cologno Monzese, magari oltre alla mia merce trovano qualche ragazza clandestina cinese nel seminterrato a me locato in passato. Voglio proprio vedere come si comporteranno. Ovviamente spero che nessuno della P.G. sia così idiota da mandarci il Maresciallo Rani o qualcun altro della Tenenza di Cologno Monzese, altrimenti non escludo che faranno delle relazioni false dicendo di non aver trovato nulla. Potrei chiamare questa imputazione: il dazio del bavaglio.

È marzo duemilaventiquattro, ricevo una chiamata da un numero privato, di nuovo la GDF, questa volta non è la caserma di via Valtellina, devo recarmi in via Oglio, passo il giorno tredici come da accordi, scopro di una notifica da parte della Procura di Napoli, altra imputazione dovuta al furto di identità. Il GIP è il Dott. Daniele Grunieri. I finanzieri si comportano in modo molto professionale, nessuno tenta di fare il furbo. Nonostante tutto è

palese un fatto, mi stanno attaccando a raffica.

Rifletto su questo accerchiarmi, continuo a pensare a tutte le alterazioni della realtà presenti nel procedimento per frode fiscale in cui mi avevano imputato. Possibile che, mentre mi intercettavano non hanno sentito le mie continue conversazioni su droga, divise, escort, minacce, colpi al fegato ed ai reni; oppure le hanno sentite e le hanno omesse; e se fossero quelle conversazioni il motivo per cui mi hanno imputato?

Quando ci si pongono domande sugli abusi di potere delle divise in questo paese, nessuno ammette che accadono perché queste sono coperte dalle toghe, infatti, in pieno conflitto di interessi, sono queste divise che procurano prove, anche se spesso false o ridicole, per compiacere i loro capi e in questo modo si assicurano favori che vengono ricambiati non indagando o archiviando fascicoli relativi a reati commessi dai loro servi in divisa o da amici di questi. Ovviamente coi media fanno credere l'opposto quando le porcate vengono a conoscenza del pubblico, casi come quello di Cucchi ed Aldrovandi hanno fatto apparire i magistrati terzi ed imparziali, ma in questo paese toghe e divise rosse sono dalla stessa parte della scacchiera.

Fra l'altro non aggiorno il CV su LinkedIn per evitare di dare loro informazioni e arrecarmi danno. Lo scrissi anche al ministero: "L'utilizzo improprio di LinkedIn per atti di stalking", essendo un freelance per loro è più difficile danneggiarmi, se fossi stato un dipendente avrebbero potuto farmi licenziare in fretta ed in silenzio come mi hanno fatto chiudere i conti bancari.

Devo continuare questa indagine, tutto avrà un senso.

II

PENTOLE SENZA COPERCHI

Ciò che è destinato a te troverà sempre
il modo di raggiungerti
(anonimo)

La cosa interessante delle persone
intelligenti è che sembrano pazze
alla gente stupida
(Nietzsche)

Passa un mese, è aprile, altra chiamata di Matteo CH, spero che abbia delle novità per me, se mi ha trovato dell'abbigliamento ad un buon prezzo stavolta spedisco dalla Svizzera, continuo a sentirmi perseguitato e non mi sembra di essere paranoico.

Matteo CH «Ciao, hai visto il tracking?»

M «Che tracking, la merce è bloccata per il sequestro, che dici?»

Matteo CH «No, l'altra da bergamo»

M «Non mi hanno più scritto dalla dogana di orio» inteso aeroporto di orio al serio, BGY.

Matteo CH «Guarda il tracking, è stata sbloccata ed è arrivata a destinazione, gli hai inviato altra documentazione?»

M «Matteo, come faccio ad inviargli altra documentazione, ho inviato tutto, non esiste la licenza di commercializzazione del marchio, è una cosa che non esiste, mezza Milano fa *reselling*… a loro che documenti chiedono? queste cose me le stanno facendo per rappresaglia»

Matteo CH «Lo so che non esiste, però hanno sbloccato la merce, ho controllato perché tu mi hai chiesto di controllare e ti dico che la merce è arrivata a Shibuya (JP)»

M «Riesci a sentire tu il cliente? mi servono maggiori info» penso al fatto che hanno sbloccato nel marzo duemila-ventiquattro della merce ferma in dogana dal febbraio duemila-ventitré.

Matteo CH «Sì, va bene, ti faccio sapere, non so se riesco oggi»

Verso sera ricevo un video WhatsApp dello scatolone della merce, ha troppo scotch del corriere per un normale controllo, sembra uno scatolone che è stato riaperto più e più volte, iniziano a salirmi delle congetture nella testa, gli scrivo che lo chiamerò l'indomani

Il giorno successivo…

M «Pronto Matteo, mi senti?»

Matteo CH «Sì, dimmi, hai visto il video?»

M «Sì, ho visto, ho capito cosa hanno cercato di fare o meglio costa stanno cercando di fare, bastardi!»

Matteo CH «Cosa? non ho capito»

M «Hai presente la spedizione di Malpensa»

Matteo CH «Sí, ho presente, ma non ho ancora capito cosa è successo… tutta la merce è originale, te lo garantisco, come è possibile che dicono che tutto tranne Boglioli è contraffatto, son sicuro che è originale, ho controllato, è il mio lavoro»

M «Matteo, hanno sostituito la merce originale con della merce contraffatta per imputarmi»

Matteo CH «Ma come, come hanno fatto?»

M «Matteo, pensaci, quella che hanno sostituito è merce originale con difetti di produzione, è venduta scontata e se ne trova molta contraffatta, l'altra quella che per un anno è stata tenuta ferma a orio (BGY) era merce che non è facile da trovare contraffatta.»

Matteo CH «No, quella proprio non si trova, erano modelli presi appena finita la settimana della moda»

M «Sì, ricordo, invece quella fermata in dogana a Malpensa (MXP) si trova facilmente in giro, per quello sono andati a colpo sicuro quando mi hanno mandato la Pec del sequestro parziale»

Matteo CH «Ma che bastardi! ma perché questa cosa, cosa vogliono ancora da te, per quella storia della escort che hai denunciato?»

M «Sì, mi è appena venuta in mente una cosa, poi ti spiego quando ci vediamo di persona, comunque hai visto che lo scatolone aveva lo scotch del corriere, tanto scotch come se avessero provato a riaprire e chiudere molte volte il pacco?»

Matteo CH «Sì, ho visto»

M «Hanno continuato ad aprire e chiudere il pacco cercando di capire se trovassero un omologo contraffatto da metterci, non ci sono riusciti, ma non gli importa adesso»

Matteo «Perché non gli importa? non ho capito»

M «Mi è arrivata un mese fa la fine delle indagini preliminari per la spedizione di Malpensa»

Matteo CH «Sì, me l'hai girata»

M «Siccome hanno ottenuto quello che volevano, di imputarmi, adesso hanno rilasciato la merce, non gli serve più»

Matteo CH «Ma che roba, non ci credo, ma che stronzi!»

M «Comunque hanno inviato la conclusione delle indagini preliminari in ritardo, potrebbero non poter usare l'indagine fatta, deve essere inviato tutto entro i sei mesi e loro hanno inviato con tre o quattro giorni di ritardo, ora non ricordo, quindi significa che forse l'obiettivo è tenermi occupato o farmi dei danni economici? comunque ti aggiorno, adesso ho da fare, poi quando passi a Milano, scrivimi che ci vediamo»

Matteo CH «Ciao, ciao»

Qualcosa non mi quadra, mi metto a guardare le fatture ricevute/inviate e vedo qualche anomalia, non ho le fatture relative alle spedizioni da parte della società cargo, una settimana dopo incontro Matteo, i soliti convenevoli poi andiamo al dunque.

M «Senti Matteo, ma le fatture delle spedizioni che sono state pagate dove sono?»

Matteo CH «Io ho pagato tutto»

M «Ok, ma la fattura elettronica?»

Matteo CH «Ma no, guarda che la spedizione a Shibuya è stata pagata dal cliente finale, tu in quel periodo avevi dei problemi con il tuo account DHL, stavi facendo quello nuovo».

M «Ah, sì ricordo, quella spedita da Malpensa? non mi è arrivata la fattura, lí ho pagato io la spedizione»

Matteo CH «Ah sì, Ocean [omissis], non ti ha mandato la fattura?»

M «No, e credo di capire il perché»

Matteo CH «Perché?»

M «Probabilmente il dipendente che hanno coinvolto nella porcata preso dall'agitazione per quello che stava succedendo si è dimenticato di fare la fattura elettronica»

Matteo CH «Ah cazzo, potrebbe essere»

M «Meglio, vediamo come giustificano la cosa»

Matteo CH «Sì, infatti, vediamo, come vuoi muoverti?»

M «Se si va a processo, ti chiamo come expertise, intanto devo sentire uno dei miei avvocati»

Matteo CH «Ma decidi tu le cose o te le dice l'avvocato?»

M «Decido io, poi chiedo all'avvocato che ne pensa»

Matteo CH «Ok, fammi sapere quando sei libero che, se sono in Italia, ci vediamo»

M «Sì, ok» Sto pensando, "perché Matteo non ha spedito con DHL come al solito?", non voglio pensare che lui sia complice, inoltre non si aspettava una mossa del genere. Le società di spedizione fanno lo sdoganamento delle spedizioni internazionali al posto della dogana; anch'io l'ho fatto quando lavoravo nella logistica in aeroporto, ma se un gruppo di finanzieri fosse arrivato da me dicendo, «Dammi tutte le scatole di questa spedizione ed il tendi-nastro con il nastro dell'azienda per richiudere dopo il controllo» io lo avrei fatto senza pensarci, di certo non avrei pensato ad una manovra del genere.

Il 24/05/2024 h. 10:22 mi arriva una Pec dalla finanza di Savona, un sequestro di crediti che non ho e relativo procedimento penale, la inoltro al mio avv. [S], lo chiamo nei giorni successivi, è una frode da cinquecento milioni di euro, hanno usato un mio documento, è una cosa grossa a suo dire, non mi scompongo quando me lo dice al telefono, penso ad un'altra cosa, la scorsa frode di cui ero accusato era da quattrocento milioni, questa da cinquecento. Giubilo di fronte al fatto che lo stato abbia perso tutti questi soldi, si chiama Karma, il prezzo per avermi abbandonato da bambino, vi costava enormemente di meno mantenermi e pagarmi gli studi, andate a chiedere i soldi ai miei aguzzini.

Aprile, squilla il telefono, sono i carabinieri di Porta Monforte, la Caserma è sita in viale Umbria, devono farmi una notifica, prendo appuntamento, mi reco il giorno prefissato (05/04/2024). L'incartamento è di trenta pagine, il PM è la dott.ssa Sara Ombra, a pagina dodici la mia imputazione, Art. 81 cpv., 648 bis c.p. mi accusano di riciclaggio, asserendo che pur essendo estraneo ai fatti, ho fatto passare sui miei conti dei soldi ostacolando l'identificazione della loro provenienza delittuosa, per un totale di circa quaranta-novemila e cinquecento euro, appare che questa imputazione sia strumentale come le altre, comunque ho dei messaggi WhatsApp che mi scagionano, è stato un periodo in cui mi ero messo a commerciare le ricariche telefoniche, per fare volume, il guadagno è un uno per cento lordo, non mi importava il guadagno, mi interessava solo fare movimentazione. Litigai con il mio cliente perché mi apparvero sospetti dei movimenti, cerco i messaggi con Pasquale e salvo degli screenshot. Imputazione piena di ombre anche questa, il cognome della PM non poteva essere più adeguato.

Vengo a sapere che le denunce contro i sette magistrati dell'antimafia non sono state nemmeno accolte, hanno bloccato il tutto dicendo che non vi erano estremi di reato, per quel che riguarda le imputazioni a mio carico, la DIA in questo caso andava chiamata direzione investigativa anti-denuncianti.

Nella Pec al ministero feci forti critiche negative sull'antimafia milanese e su una sua operazione basata sull'uso di atti falsi dove gli accusati sono stati prosciolti. Dopo aver controllato gli estratti conto posso affermare senza dubbio che stanno dichiarando il falso, sapendo di mentire, hanno associato i miei leciti movimenti ad altre situazioni a me estranee, questa imputazione mi fa capire quanto possa esserci del marcio anche nella DIA milanese, lo avevo scritto anche al ministero, il titolo del capitolo era: "antimafia milanese, stai attento a non farne le spese". Questa imputazione mi ricorda quella fatta al giornalista Pino Maniaci che ha denunciato il magistrato Silvana Saguto.

Mi vedo in un bar vicino la stazione centrale con l'avvocato [S], ha letto copia dell'imputazione da parte della DIA, fa un po' il difficile, dice che è grave che mi associno a dei mafiosi.

M «È grave dici?»

Avv. S «Eh, sì, ti accusano di aver avuto a che fare con quei personaggi»

M «L'accusa se la sono inventata, di fatto loro dicono che dei soldi che sono passati sul mio conto con cui ho pagato delle ricariche telefoniche sono soldi che ho fatto passare per essere riciclati, ma io ho tutte le fatture e tutti i movimenti, ho anche degli screenshot WhatsApp di quando ho litigato con il cliente, Pasquale, perché ho scoperto che anziché consegnare le ricariche telefoniche al cliente finale, Pasquale le ha convertite in contanti e se le è messe in tasca, e quindi ho chiuso il rapporto. Inoltre, devono proprio stare zitti quelli dell'antimafia, poiché, prima che mi imputassero, ho saputo che il mio cliente, Pasquale, è stato arrestato e poi rilasciato. È accusato di una truffa al mediocredito centrale, io avevo indagato sul cliente, quando dicono abbia fatto questa truffa, sai dove aveva il negozio/ufficio dove vendeva anche cellulari, oltre a ricariche telefoniche ed accessori?»

Avv. S «No, dove?»

M «In via Macchi»

Avv. S «Via Macchi? Via Mauro Macchi? qui vicino a dove siamo ora!?»

M «Esatto, e sai dove aveva la direzione operativa la DIA in quel periodo?»

Avv. S «No, dove?»

M «In via Macchi o comunque lì attaccato, quindi era il mariuolo della porta accanto e non se ne sono accorti, forse andavano a comprare da lui i cellulari, chiedendo lo sconto»

Avv. S «Ahahah, non sapevo questo»

M «Ascolta [S.], poi, l'antimafia milanese è sputtanata ed anche il colonnello della finanza (Piergiogio Samaja) che ne è a capo, è stato denunciato per gravi fatti!»

Avv. S «Ah sì? non lo sapevo»

M «Inoltre, ho avuto un'informazione importante, l'anno scorso, la segretaria del procuratore Viola, intendo la segreteria, ha chiamato un avvocato chiedendo di presentarsi presso l'ufficio del procuratore perché un suo cliente ha contestato e segnalato sette magistrati dell'antimafia per fatti gravissimi. Ci sono state delle denunce contro i magistrati, praticamente si sono comportati loro come dei mafiosi, l'avvocato Picerno si è presentato dal procuratore e gli ha detto «Procuratore, questi sono i fatti, ci dà una mano?», il procuratore gli ha risposto qualcosa del tipo «mi rendo conto, ma questi fatti non sono successi mentre c'ero io, è un problema che si è verificato sotto al mio precedessore, adesso tocca a me questa grana». Di questo sono sicuro, ci sono anche le denunce, conosco chi le ha fatte perché mi stavo occupando della rimozione articoli indesiderati di questo.

Avv. S «Marco, è quello che mi hai presentato?»

M «Si, quello che mi dicevi voler difendere scrivendo al giornale Oggi e al ministro Nordio»

Avv. S «Senti, Marco, tu sai cosa succede se vai dal procuratore a toccargli i suoi magistrati dell'antimafia?»

M «No, che succede?»

Avv. S «Che quelli ti mettono dentro con una scusa, poi buttano via la chiave e poi si vede» ride mentre lo dice

M «Ho capito, si inventano delle frottole e con quelle mi fanno un arresto preventivo»

Avv. S «Bravo, hai capito»

M «Quindi, non si può accusarli?»

Avv. S «Dopo, non adesso»

M «In che senso?»

Avv. S «Marco, dopo, non adesso mentre sei indagato, dopo lo puoi fare!»

M «Ok, comunque mi sono arrivate addosso quattro imputazioni e un furto di identità dopo che ho inviato quelle novanta pagine al ministero di grazia e giustizia, lo scopo di questa indagine è solo il farmi chiudere i conti correnti per danneggiarmi», penso al fatto che non sono riuscito nemmeno a chiedere un fido come da mie intenzioni grazie all'ennesimo abuso di potere.

Avv. S «Eh, vedi come fanno?!»

M «Io ho scritto al ministero perché mi stavano addosso dopo che quel mio cliente mi ha consegnato una valigia con dentro la pistola, che poi lui non sapeva che ci fosse»

Avv. S «Ah no?»

M «Altrimenti non mi chiedeva di dargliela e di non chiamare la polizia, devo capire chi gli ha detto di darmi quelle valigie, comunque, tornando a noi, in due o tre anni avrò mosso oltre un milione e mezzo di euro, quindi il fatto che mi accusino per una cifra piccola, meno di cinquantamila euro o una cosa simile è la prova che mi vogliono tenere bloccato, non sono preoccupato per l'antimafia, è che sono sovraccarico di lavoro, intendo, ho anche queste cose da scrivere ed ho casini perché con la merce rubatami a Cologno Monzese, più quella sostituita in dogana per imputarmi e quella tenuta ferma un anno mentre cercavano di sostituirla con la contraffatta, mi hanno danneggiato, …sono soldi per me.

Iniziamo a parlare del mio ricorso contro la tributaria, ho commesso un errore mi sono dimenticato di dire a [S] che quando il ricorso lo deposita il difensore tramite il sistema SIGIT giustizia tributaria, questo deve essere inviato all'ente a mezzo Pec, gli hanno dichiarato inammissibile un ricorso da quattordici milioni di euro di ingiuste cartelle solo per la mancata notifica all'agenzia delle entrate e non gli hanno permesso di sanare la notifica; [S] mi fa notare che non ho capito l'anomalia della situazione.

M «Cosa non ho capito?»

Avv. S «Marco, hai letto la sentenza che ti ho inviato? Quella della corte tributaria»

M «Sì, è quello che ci siamo detti, hanno dichiarato inammissibile il ricorso perché non abbiamo inviato la

Pec in agenzia delle entrate; te l'ho detto che la volta precedente me lo hanno reso inammissibile solo perché non ho nominato un avvocato in tempo, ma di fatto potevo nominarlo il giorno dell'udienza quando mi sono presentato presso la commissione tributaria, ma essendo a camera chiusa non sono potuto entrare.»

Avv. S «Sì, ma Marco, c'è qualcosa di anomalo, ti hanno condannato alle spese»

M «Ok, e quindi?»

Avv. S «Marco, che dichiarino inammissibile il ricorso perché non è stato inviato alla controparte ci può stare, ma non possono condannarti a quindicimila euro di spese da pagare alla controparte che non si è nemmeno costituita in giudizio, ma cosa fanno?»

M «Ah, infatti, non ci avevo pensato, effettivamente, nemmeno sanno del ricorso e secondo quelli della tributaria hanno diritto ai soldi»

Avv. S «Hai capito, questa cosa è anomala»

M «Ho capito, grazie, comunque ci aggiorniamo, appena ho tempo, scrivo le integrazioni.»

Avv. S «Ok, ci aggiorniamo»

M «Ciao, grazie, io vado di qua»

Mi viene in mente che, mentre la parte operativa della DIA era in via Mauro Macchi, questa aveva inoltre preso in affitto una stanza interrata in una palestra lì vicina, la usavano per gli addestramenti, era chiusa a chiave e nemmeno la ditta delle pulizie poteva accederci. L'antimafia milanese fa paura anche alle Iene di Mediaset, hanno rifiutato di sputtanarli come nel caso siciliano della Saguto.

Penso al fatto che potevano citarmi come persona informata sui fatti, invece mi hanno imputato senza fondamento. La parte marcia dello stato ti manda sempre un messaggio: tutto quello che tu proverai a costruire ti verrà spazzato via e non potrai fare nulla, questo perché non vuoi obbedire come un cane; di questo sono consapevole, infatti, non faccio finanziamenti, non ho fatto un mutuo per l'acquisto di un immobile, nemmeno per un'auto, acquisto auto economiche, non sono un appassionato nonostante in precedenza le vendessi. Se non c'è nulla da rubare fanno fatica a farti soffrire e non mi sono trovato una fidanzata, quindi non possono farmi nessun danno affettivo. Possono solo indagarmi e farmi chiudere i conti correnti, loro mi fanno pensare ad una frase del film la grande bellezza: "...e lo squallore disgraziato dell'uomo miserabile"; i miserabili sono tronfi del loro comportamento, ne godono.

Penso al comportamento della tributaria e quindi ipotizzo una volontà di punirmi per aver denunciato: i giudici che mi hanno addebitato quindici mila euro di spese illecite a favore dell'agenzia delle entrate sono Alessandra Dolci, Danilo Biancospino e Daniele Fracassi.

Comunque, non può continuare così all'infinito, devo poter fare la mia vita.

Scrivo all'avv. [Piera], penso che si sia sbagliata e mi abbia inviato solo una parte del fascicolo; sbaglio io, mi risponde di avermi inviato tutto il fascicolo, inoltre, mi comunica che nonostante la sua opposizione all'archiviazione il PM ha chiesto l'archiviazione definitiva, questa volta è irrevocabile, infine, mi ricorda che il PM richiedente l'archiviazione non è il dott. Gallo, ma Valentina Mondovì, perché cambiato durante il procedimento. Ovviamente, appare che il magistrato sia cambiato perché ho inviato una Pec alla mail personale di Gallo, spiegandogli della conversazione udita a casa di Magistro relativa al fatto che il Maresciallo di Dio conosce tutti i magistrati della procura di Milano, alludendo che le parole da me sentite volessero farmi intendere che tra di Dio e Gallo vi fosse un'amicizia. Come possono persone di cui si sentono voci e generalità essere classificati come "soggetti sconosciuti"? Inoltre, tutte le Pec che ho inviato ad integrazione non sono nel fascicolo, le integrazioni non possono essere rifiutate; se il magistrato non è corrotto intendo dire; devo unire i fatti e farne un'analisi.

Cerco nel fascicolo dei PM Gallo-Mondovì, il nome del GIP, che ha inopinatamente accolto la richiesta dal PM, è il dott. Livio A. Cristofano. I nomi degli agenti di PG che hanno scritto il fatto delle persone sconosciute presenti nell'appartamento assieme alla Miorin, sono: Agente di PG Car. Elena de Luca, Agente di PG. Appuntato Sc. Carmine Ruotolo. Anche questa situazione dà l'impressione di una associazione a delinquere finalizzata alla frode processuale.

Sono un po' incazzato con il mio avvocato, [S]; un mese fa prima di vederlo gli avevo chiesto perché non andasse a Monza per i miei beni rubati a Cologno Monzese. Per diversi mesi mi ha risposto che a causa delle regole covid deve prendere appuntamento e mi ha risposto al telefono ridendo «Quel PM non c'è più in procura (Dott. Santini), è andato via». Trovo un articolo sul PM Santini Marco Giovanni, 11/03/2024, ilgiorno.it «L'orrore per i soldi della cocaina: ucciso e sepolto nel campo di grano a Desio», inoltro l'articolo tramite WhatsApp al mio avvocato [S] e gli scrivo «Il PM Santini è ancora a Monza, mi hai detto che era andato via», non risponde, è dura la realtà italiana, quando un avvocato non ha voglia perché la questione è spinosa o viene minacciato, non te lo dice.

Spesso si sentono gli avvocati dire che dall'anno duemilaotto hanno avuto problemi con i pagamenti dai clienti, oppure «Non ci sono più soldi nel civile o nel penale» o «Ringrazia che qualcuno ti risolve il problema», la verità è un'altra; grazie ad un informatizzarsi della pubblica amministrazione, si è scoperto che la maggior parte degli avvocati prendeva in giro i clienti ed allungava le cause per spremere soldi. Quindi, i clienti si sono stufati di essere spremuti come limoni, non ottenere il servizio richiesto e di sentirsi turlupinati davanti ad un avvocato che ti ride in faccia e poi accattona i soldi. Già perché uno dei motivi per cui il novanta per cento degli avvocati chiedono i soldi in anticipo è che sanno che stanno mettendo in atto una truffa, a parole ti dicono «Io non ho problemi, io denuncio il giudice, i carabinieri, i poliziotti, i finanzieri» oppure «Denunciamo quel giornale, chiediamo trentamila euro di danni», poi ti guardano timorosi, come un truffatore da due soldi che sta provando a fregarti e si chiede se ci cascherà, e dicono «Eh, però ci vogliono tre, quattro, cinquemila euro e poi le recupereremo, come? Fattura? eh no, con la fattura viene il doppio, mi porti i contanti», tutto questo accade proprio perché la magistratura non punisce questi comportamenti per questioni di reciprocità, vedasi avvocato Riva.

È luglio duemilaventiquattro, Luca Palamara l'ex Membro del CSM è stato assolto. A me personalmente Palamara sta simpatico, soprattutto perché ha parlato del sistema, ha avuto il coraggio di dire in un'intervista «Storicamente, almeno negli ultimi trent'anni, quando tutto ciò che non è sinistra va al governo, improvvisamente i fatti del processo penale vengono utilizzati come clava per eliminare questo o quel nemico di turno»

La giornalista ribatte «sta dicendo una cosa gravissima, eh»

Palamara risponde «Io sto dicendo quello che accade nel nostro paese, c'è questa tendenza ad usare la magistratura con un ruolo servente, cioè dove non arriva la politica noi utilizziamo un'indagine qualunque essa sia, per buttare fuori chi è stato democraticamente eletto dal popolo italiano»

La giornalista domanda «É un caso secondo lei che tutto questo avvenga nel momento in cui il governo discute la riforma della giustizia?»

Palamara «Non è assolutamente un caso perché, quando si creano delle fibrillazioni sul tema della riforma della giustizia, improvvisamente scatta la riforma della logica del no, non si deve cambiare nulla perché, se si cambia qualcosa, viene messa in discussione l'autonomia e l'indipendenza della magistratura. Non è vero non è così!»

L'intervista si conclude con queste frasi

Giornalista «Ma sta accadendo secondo lei quel che è successo per Berlusconi?»

Palamara «É un metodo ripeto per rievocare una vecchia canzone, è sempre la stessa storia con le stesse parole».

Palamara oltre ad aver avuto il coraggio di dire quanto sopra, non è uno sciroccato come molti altri suoi colleghi, comunque appare una di quelle assoluzioni di comodo date a chi non tornerà nei ruoli precedenti. Da altri articoli sembra che sia stato condannato per traffico di influenze e assolto per la corruzione e/o rivelazione del segreto d'ufficio.

Dal duemilaventuno Fabio Napoleone è il procuratore Capo di Lodi; quindi, presumo voglia dire che è il procuratore Generale, come il dott. Marcello Viola è quello di Milano, cerco un po' di articoli, e trovo un video interessante. Palamara afferma che il motivo di tutto lo scandalo era impedire che il dott. Viola diventasse procuratore a Roma. I vecchi democristiani asserivano che la poltrona di procuratore di Roma vale quanto due ministeri, inoltre negli anni Ottanta tale procura venne soprannominata il porto delle nebbie poiché facevano scomparire le indagini non gradite al potere. Si evince che su quella poltrona non si sono mai sedute quelle che definiremmo persone dall'animo bello. Per quel che so, il procuratore Viola non ha fatto un bel niente relativamente agli assurdi comportamenti dei magistrati dell'antimafia, ha lasciato che tutto venisse insabbiato; mah, che orrore, vediamo che succederà, nel frattempo il cerchio mi si stringe intorno, se è come penso io, il PM Napoleone verrà protetto come nessun altro per nascondere determinate situazioni. Nel frattempo, devo lottare per non farmi mettere ingiustamente in gabbia da un mucchio di delinquenti, più è aggressivo l'attacco più significa che il problema per loro è grave: devo unire tutti i punti degli avvenimenti accadutomi e capirci di più.

III

IL BANDOLO DELLA MATASSA

Tutto quello che hai passato ti
ha preparato a ricevere ciò che
hai chiesto

04/09/2024, notifica da Instagram, *Jarfgbx want to follow you*; Guardo questo account, creato due giorni prima di seguirmi, come al solito, nove foto, ogni foto sotto ha una frase tratta da una canzone. Sul profilo il nome è: Bianca Fiore, la sua frase di presentazione è: "Amore, io sono qui"; Penso a quello precedente, la frase di presentazione era: "quella casa che avevamo in mente"; che posso dire «sei veramente nella merda Laura, e, stai facendo finta che ti piaccia». Non so se mai ti rivedrò, ha importanza? Chissà perché me lo chiedo, so che non testimonierai, forse voglio guardarti in modo apatico in un tribunale mentre ti atteggi, dicendo: «Ah, quella storia lì, non mi ricordavo nemmeno, è passato tanto tempo, come si chiama lui? Marco, ah, sì non mi ricordavo; adesso sono sposata, ho anche un bambino, …ma poi, …ma quanto tempo è passato…non riesco a fargli capire che non sono interessata». Oramai, ho consapevolezza, oltre ogni ragionevole dubbio, che tu, essendo bergamasca e conoscendo meglio di me il sistema che vige, sapevi benissimo di mettermi in condizione di minorata difesa e i danni che mi avresti procurato. Sapevi che ti saresti resa indispensabile, vincolandomi a te; quindi, hai taciuto per interesse personale nonostante tu abbia sofferto. Far valere i tuoi diritti è contrario all'educazione a te impartita, figuriamoci i diritti degli altri. Non ti chiamo più "la psicopatica", quando parlo di te, oramai ti definisco: "la ragazza del processo". Non lo faccio perché meriti questa eleganza, ma perché mi appare un'analogia tra il parlare di te con questo aggettivo e tu che mi memorizzi sul telefono come, "Marco pazzo", racconti in giro che ci siamo parlati una volta sola e guardavi, fino a quando non ti ho bloccato, il mio profilo WhatsApp ogni giorno, come a dirti, "è qui, esiste, c'è ancora". Forse pensavi che sarebbe andata a finire in altro modo. Mi vieni in mente ogni giorno, ho davanti agli occhi gli abusi di potere che subisco; Che posso dire? «Cosa si è disposti a fare per non testimoniare?!».

Ho iniziato a leggermi il libro sulla psicogenealogia, "La sindrome degli antenati", autrici: Anne Ancelin Schützenberger, Francesca Garofoli. Non ho molto tempo per la lettura, per ritagliarmi del tempo vado a lavare i vestiti nelle lavanderie self-service, mi sono sempre piaciute, mi danno un'idea di chi è così libero e non si fermerà troppo in un luogo per acquistare una lavatrice. Trovo il libro interessante. "…perché ciò che viene nascosto, gli altri lo sentono o lo indovinano…". "Una giovane donna, sofferente di morbo blu (malattia cardiaca con rischio di trasmissione genetica ereditaria), ma guarita a seguito di un'operazione, così come sua nonna (anch'ella operata di morbo blu), decide di sposarsi, ma di non avere figli, per non rischiare di trasmettere la malattia. Tuttavia, con il marito decidono di adottare un bambino. Viene loro proposto un bambino che vive in India e di cui non si sa niente, eccetto il fatto che è orfano. Accettano. È un bambino molto bello. Poco dopo il suo arrivo in Francia, scoprono che è malato: si tratta del morbo blu, la stessa malformazione che aveva la madre adottiva e che ella non voleva rischiare di trasmettere geneticamente. Il bambino verrà operato, per caso, dallo stesso chirurgo, nello stesso ospedale e nella stessa data in cui era stata operata lei molti anni prima (da notare che sono i servizi ospedalieri che propongono la data dell'operazione)."

Probabilmente anche Laura ha un karma che le pende sulla testa, un eterno ripetersi di cicli: forse sua madre amava un uomo, ma per vigliaccheria si è sposata e ha avuto dei figli con un altro, forse per rispettare la tradizione dell'apologia di omertà della città, ha fatto un danno a costui, …molti pensieri nella mia testa, sposto l'attenzione sul fatto che devo chiudere il cerchio e far collimare le informazioni di questa indagine.

Una pubblicità di un servizio della Rai su YouTube mi ricorda che devo tornare a Cologno Monzese, il programma "Far west del 06/04/2024", dal titolo "il volto segreto dei centri massaggi cinesi". Vedendo lo spot, mi è venuto in mente il Maresciallo Rani, Franco Bonazza e complici. La Mercedes classe A prima serie grigia che viene inquadrata nel servizio davanti al centro massaggi è una identica a quella del Bonazza, cioè colui che teneva nel seminterrato le ragazze cinesi che lavorano in quei centri. Adesso mi vengono in mente vari motivi per i quali il maresciallo Rani per ben due volte mi ha rifiutato la denuncia

Mi reco a Cologno Monzese, dove ho subito la violazione di domicilio aggravata ed il furto. Entro in via Santa Maria, parcheggio prima che incroci con via T.A. Edison, voglio vedere se ci sono novità. Un paio di anni fa ero passato ed avevano lasciato aperte le finestre, avevo visto la parte di Stuani e Bonora in rifacimento. Non ho potuto chiedere informazioni quel giorno, stavolta è pomeriggio, il cancello carrabile è aperto e delle persone parlano nel cortile. Si stanno lamentando del tubo esterno che esce dal seminterrato di Bonazza, mi fingo interessato ad affittare un seminterrato, dicono che sono tutti affittati, quello di Stuani è stato diviso in due parti con due porte. Anche Bonazza ha parzialmente ristrutturato il suo, i lavori sono stati fatti contemporaneamente. Se voglio guardare, la porta delle scale che va al seminterrato è aperta; è vero, Bonazza ha invertito i locali, quello che prima affittava è diventato il suo laboratorio e affitta l'altra parte, vedo che ora anche il lato di Stuani e socio ha due ingressi come quello di Bonazza. Mi dicono che per quel che sanno loro è affittato a dei nord africani dopo che c'è stato un problema con le cinesi. Chiedo «Che problema?» mi sento rispondere «L'incendio». In parte quadra qualcosa ed in parte no, effettivamente su una cosa ha ragione il mio avvocato, [S], non può essere che Bonazza si è appiccato l'incendio al magazzino in modo doloso; invece, delle cinesi tenute all'interno clandestine e a cui lui ha staccato la corrente qualche ora prima dell'incendio - per lui sono bestie - potrebbero averlo fatto tentando di farsi luce. Mi dicono che Stuani e Bonazza affittano come dei soci. Il vecchio laboratorio di Bonazza è una sorta di zona giorno mentre la parte Stuani è la zona notte. Torno la sera, le informazioni sono giuste, dalle finestre vedo gli inquilini, tutti maschi nordafricani, si intravedono anche i letti a castello nella parte di Stuani. Ovviamente qualche ingenuo potrebbe pensare che la polizia locale non sappia nulla oppure al pari dei carabinieri e della polizia fanno finta di non vedere. Le divise rosse sono sempre dalla parte di chi è in posizione di abuso dominante. Mi appare un'insolita situazione il fatto che il mio precedente proprietario dove sono stato sfrattato con uso di atti falsi a Milano, ha rifatto anche lui in parte l'appartamento, per nascondere le prove delle sue truffe. Tutte coincidenze? Mi viene in mente il nome dell'avv. di Bonazza, è l'avv. Colombo, ha la fama di essere un avvocato serio, so che ha fatto trasferire tre carabinieri che avevano avuto comportamenti censurabili. Penso che potrei contattarlo ed andare a parlare con lui, ma al momento è meglio che usi il mio tempo per altro.

Comunque questa è una di quelle situazioni in cui capisci che le divise italiane non hanno le mani legate, hanno gli occhi bendati e le loro mani sono impegnate a tenere la benda ben stretta quando non vogliono vedere e toglierla quando vogliono esagerare.

Improvvisamente mi viene in mente un fatto: Pietro P., dove l'ho conosciuto? Ah, sì, … a casa di Magistro! ma perché era lì? Non per una visita di cortesia, ma per incontrare gli avv. Salati e Di Domenico, per avvalersi del loro studio legale, per delle sue questioni legali. Come ho fatto a non pensarci prima? il movente, certamente, il movente è una delle cose più importanti di un reato. Pietro non avrebbe avuto problemi a eliminarmi, se era per un suo interesse, mi avrebbe potuto attirare in una zona anche sperduta ed eliminarmi. Avrebbe potuto farlo dopo avermi chiesto in prestito dei soldi se quello fosse l'obiettivo. Ma chi aveva più interesse in un mio arresto? Salati, Maiorano, di Dio, Fiaccabrino e ovviamente e gli amici di Frida, ma qui a Milano soprattutto Salati, Di Dio e Maiorano ed i collusi con loro per le registrazioni ambientali, quindi il furto non era organizzato da Miorin Alessandra, lei si è unita nel sodalizio per intenti comuni e goderne i vantaggi, tutte le denunce che sporgo, vengono archiviate; quindi, l'intenzione era di rubarmi i computer, non sono loro i mandanti principali. Come disse Sherlock Holmes: "Tolto l'impossibile per quanto improbabile quel che resta non può che essere la verità"; a fronte di queste analisi la mia mappa del territorio è cambiata.

Mi viene in mente il caso del Blogger Malvilla, questo si è trovato circa una trentina di Carabinieri in casa, gli hanno sequestrato illegalmente computer ed accessori, cancellato i dati per aver fatto un filmato in cui i Carabinieri parcheggiavano sullo scivolo di accesso dei disabili. Le copie degli atti e le registrazioni sui miei hard disk possono considerarsi le prove e/o gli indizi di un sistema composto da: divise, toghe, escort e cocaina. Che cosa sarebbero stati disposti a fare per averli e distruggerli? Se ci fossero state di mezzo solo alcune divise, non sarebbero riusciti a fare quel che hanno fatto.

Sono anni che vivo in una semi latitanza a mia tutela, anche la poliziotta che mi ha chiamato, facendo la spaccona, ha chiesto dove abitavo, come lo chiedeva Fabri, come Johnny e Alfredo «Ma tu dove abiti adesso?» Sempre la stessa domanda, anche dall'ufficio passaporti una Pec alludeva al fatto che non conoscevano la mia posizione esatta con la loro frase «Non è chiaro dove abiti la S.V.» è un modo per dire, "vogliamo sapere dove trovarti", oppure "indicaci la tua posizione, bersaglio". Dopo aver parlato con Di Maro alias Gino, sapevano delle registrazioni telefoniche. Se a questo aggiungo il fatto che ho delegato Di Maro per estrarre gli atti del procedimento Frida, diventa tutto chiaro: Di Maro deve aver mostrato quell'e-mail al

Fiaccabrino, questo ha chiamato alcune delle sue conoscenze, nel sodalizio si sono uniti Salati e Di Dio che sono partner di Maiorano. Questi a sua volta è compare di Fiaccabrino, a questo punto, mi chiedo con chi abbia parlato il Fiaccabrino. Forse il Maresciallo Di Dio ha chiamato qualche suo contatto bergamasco. Il disaccordo momentaneo su Di Dio e Salati, quindi, non era sul furto dei computer, ma sul luogo dove dovevano essere depositati. Il fatto che Salati voleva scoparsi la Miorin, e per farlo, è stato disposto a far fare una deviazione ai computer a casa di questa, ha fatto incazzare Di Dio, che se ne è andato in bus pensando che la missione fosse fallita. Non si aspettavano inoltre la questione registratore in casa. Dopo gli ultimi fatti ho una conferma: non ci sono di mezzo solo le divise sporche, ma anche toghe, non hanno fatto nessuna indagine sui miei fatti, il PM Gallo Gianfranco, la sua Collega V. Mondovì a Milano e Santini a Monza, ragionando come ragionano loro, quando indagano i loro nemici, questi fatti vengono subito definiti: associazione a delinquere di stampo mafioso finalizzata a vari reati, ma l'abito in questo caso fa il monaco e non solo. La domanda che mi frulla continuamente nella testa dopo l'archiviazione del PM Gallo e Mondovì é: "**Cosa sarebbe accaduto se nell'anno duemilasei quando tutti puntavano il dito su Berlusconi, fosse emerso un sistema prostitutivo in cui le escort venivano spacciate per collaboratrici di giustizia ed erano contigue a magistrati e da questi**

protette?"; è la stessa cosa che ho scritto al ministero di grazia e giustizia, ma prima di questi ultimi fatti pensavo fosse solo una situazione riguardante bergamo. Mi sono sbagliato, è qualcosa di più vasto, non posso escludere siano molte le Frida e molte le toghe coinvolte. Sto pensando al fatto che il PM Gallo ha escluso dal fascicolo tutte le mie Pec di integrazione, lui sapeva quindi del legame tra Pietro P. e la squadra dello studio Salati-di Domenico a Bollate: sono collegati al Fiaccabrino. Ora capisco perché, se avessero indagato su Frida appare sarebbero emerse situazioni definibili: "I Bunga Bunga della Magistratura, traduttopoli e puttanopoli".

A proposito di puttanopoli chissà se è mai stata fatta un'indagine, se vi sono rapporti tra i giovani magistrati donna ed il procuratore capo (uomo) appena queste approdano in un Palazzo di Giustizia. Inoltre, poiché i magistrati si sono dimostrati pruriginosi in alcune indagini, controllando la cronologia di film a luci rosse guardate dall'indagato dal proprio computer, ci si potrebbe chiedere se non sia necessario valutare alcuni aspetti in determinate indagini, come il fatto da un lato che la principale imputata dovrebbe essere una donna e dall'altra, la PM potrebbe essere bisessuale o gay. Chiedo per un amico, si dice così. Vorrei mandare una mail al Dott. Gianfranco Gallo abbastanza esplicita, ma poiché so che mi arriverebbe un'altra imputazione costruita a tavolino, lascio perdere,

...sarebbe un atto di gentilezza, ma lo sputtanamento è l'unica cosa che questi capiscono.

Le domande che vorrei porre al PM Gallo sono queste: Lei conosce personalmente l'ex Maresciallo in Pensione Giuseppe di Dio detto Cesare? (conosco la risposta ma non posso scriverla). Siete Amici? È grazie ai rapporti privilegiati che ha di Dio ed i suoi collaboratori che non sono mai stati condannati? È informato se le attività del di Dio riguardino atti di usura, minaccia ed estorsione? Così, *ça va sans dir*, secondo lei dott. Gallo quanto è rischioso per un PM archiviare un caso che potrebbe far emergere che i rei sono di fatto uomini di mafia e hanno rapporti privilegiati con la magistratura, oltre a un'imputazione associativa anche per corruzione in atti giudiziari? Come si potrebbe eliminare un soggetto che ha sporto denuncia e prodotto delle prove che sono state omesse? Ucciderlo sarebbe troppo rischioso, ma farlo arrestare …che ne pensa? Come farlo arrestare immediatamente? Droga? No, forse non conviene, servirebbe un quantitativo ingente e se non ha dei precedenti per questo o si è tentato di incastrarlo in passato per situazioni simili senza successo, meglio di no. Aspetti, lei che ne pensa di un'arma? in questo caso, con un'arma in una valigia in un luogo dove questo si reca anche solo saltuariamente, potrebbe essere arrestato in flagranza, potrebbe finire in carcere per qualche anno e poi diciamocelo tra noi, se qualcuno muore in carcere, magari, se lo fanno suicidare, non ci sono poi molte indagini, …che ne pensa? Ma, come si potrebbe organizzare? Insomma, non si può dirgli: "custodiscimi un'arma così poi ti faccio arrestare". Ma poi chi potrebbe essere il manager di una situazione del genere? un PM di certo avrebbe questo potere, ovviamente lo si dice solo per parlare, *by the way*, certamente un PM che può far scrivere alla PG che dei soggetti perfettamente identificati, sono sconosciuti, potrebbe fare questo, potrebbe anche andare dalla polizia a dare un ordine: "voi lo arrestate appena vi do il via", loro come cani che obbediscono, scodinzolerebbero davanti alla richiesta di un PM. Se poi l'obiettivo ha un precedente grazie ai falsi dichiarati da altro collega PM siamo a cavallo. Purtroppo per i miserabili, il diavolo fa le pentole, ma non i coperchi, sa, magari il complice che gli consegna un'arma nascosta in una valigia è uno pluripregiudicato che è stato indotto col ricatto a farlo, per lui una pistola è un importante strumento di lavoro e, in caso, sa dove rivenderla. Inoltre, diciamolo, quando i mandanti sono un po' somarelli e non molto acuti, insomma, di certo non dei validi project manager, questi "manager del pilu" non sapevano che proprio a causa di abusi di potere, il loro obiettivo vive un po' nomade. Peraltro, dopo essere stato sfrattato infetto da Covid-19 con uso di atti falsi di cui era consapevole, il tribunale, l'ufficiale giudiziario e il commissariato Monforte questo dorme in un posto, poi va via, poi affitta una stanza in nero, poi torna a dormire in quel posto dopo tre mesi, poi affitta un'altra stanza in altro luogo, insomma, sa quelle situazioni in cui si pensa che sia semplice, che la pistola è nella casa dove ha la residenza e la polizia preposta è pronta a fare quanto pianificato in segreto. Ma questo trova la pistola incastrata dietro alle barre metalliche del trolley, non apre la busta in cui è chiusa, chiama chi lo avrebbe dovuto incastrare. Peggio, sa che l'antimafia milanese ha l'imprinting di quella palermitana, ricorda il caso Saguto? anche qui ci sono colonnelli un po' pro-mafia. Quindi, è fallimentare mettere sotto pressione chi gli ha consegnato la valigia con l'arma, facendogli credere che sarebbe stato arrestato per aver fallito il compito. L'obiettivo non doveva trovare la busta con l'arma e non doveva scrivere alla sede centrale dell'antimafia una Pec, non certo un comportamento da mafioso e poi, e poi...Maledetti coperchi!!! Ma non bisogna disperare, se fallisse si potrebbe provare a mettere qualcos'altro in pentola, piano B, magari anziché alla polizia o ai carabinieri si può chiedere a grigi non alieni, la GDF. Come? Gli è stata bloccata della merce in dogana, ma non si trovava l'omologo contraffatto per farlo imputare? Ritenta, sarai più fortunato, alla fine ce la faremo. Ecco il piano C, ma comunque proviamo ad andare sul sicuro, attuiamo il piano D, anzi DIA. Quella Milanese appare specializzata nell'uso di atti falsi, in questo siamo a cavallo della risoluzione e così non si saprà delle cavalle o, meglio, delle somarelle da monta, oltre che delle starnazzanti oche traduttorie. Inizio anche a pensare, dato il comportamento della caserma di Cologno Monzese che facciano tutti parte della mafia dell'autoparco. Questa è la tesi più ovvia e supportata da prove, non si è mai scissa quella mafia, si è solo mescolata in modo profondo con lo stato.

Esamino nuovamente le carte e cerco di ricostruire le prove per avere almeno una chance. Il nome del giudice di pace del procedimento Frida è Giuseppe Zuccarotto, il nome non mi è nuovo. É accaduto un fatto quando avevo diciannove o vent'anni, avevo un lavoro serale come barman in un locale di *lap dance*, cercavo lavori solo notturni perché non riuscivo più a dormire la notte. Mi incidentarono e mi allontanai per cercare i soccorsi, portai con me i carabinieri sul luogo dell'incidente, sul lato passeggero c'era il maresciallo soprannominato Carbonella della caserma di curno (bg), pretendeva che io avessi torto, mi imposi e come atto di vendetta, mi ritirò la patente. Pochi giorni dopo un avvocato, il difensore di Roby, il proprietario di un night club chiamato *le Château,* chiuso anni prima per prostituzione, nonché il suo cliente sapevano molte cose dei Carabinieri corrotti della zona, il Carbonella venne a sapere di questo; stranamente ogni volta che andavo dal GDP, questo era ammalato e rimandavano l'udienza, sapevano che volevo sputtanare il legame tra Carbonella ed i fatti dello *Château club.* Lo dicevo ad alta voce e poi il Carbonella si ricordò che veniva come avventore, ovviamente gratis nel locale dove lavoravo. Dopo oltre un anno in cui il Giudice si dava malato per la mia causa, arrivò il GDP Zuccarotto. con molta fretta mi diede ragione sull'incidente, i carabinieri non si presentarono dal giudice e si chiuse in fretta la faccenda. Anche questa volta il Carbonella salvò il fondoschiena. l'assegnazione al mio fascicolo del giudice Zuccarotto non è stata casuale, come recita un aforisma: "Le coincidenze sono come le isole, se togli l'acqua scopri che sono tutte collegate", ma in questo caso l'acqua appare della profondità di una pozzanghera e nemmeno troppo torbida.

L'anno precedente seppi che Pietro P. è stato arrestato e la moglie è ai domiciliari. Non trovai articoli riguardo questo caso. Non ho cercato bene, il quattro settembre di quest'anno trovo un articolo che lo riguarda sul corriere di bergamo, è un articolo del 17/05/2023: Pietro ha usato la pistola che mi hanno messo nella valigia per andare a fare delle rapine. Nonostante la magistratura quando le fa comodo esprime idiozie, un insulto all'intelligenza dei cittadini, voglio proprio vedere quale magistrato sosterrà che Pietro di sua iniziativa mi ha dato una valigia con una pistola nascosta dentro; poi l'ha richiesta indietro e usata per fare delle rapine. Anche ad un cretino appare palese il fatto che gli abbiano dato le valigie dicendo di consegnarmele per incastrarmi. Fallito il compito e scoperto che in una valigia vi è un oggetto che per lui può essere un importante strumento di lavoro, se n'è appropriato. Mi stupisce che non sia andato a recuperare dei soldi da alcuni che non lo avevano pagato. Mi raccontò infatti che nei *weekend* assieme ad un tizio stava facendo diversi lavori di imbiancatura, ma che a fine lavoro non era stato pagato, perché lui: "è pregiudicato e facile da far passare per quello criminale". Su quello non posso dargli torto, è successo anche a me con un lavoro che gli ho fatto fare, i piccoli proprietari di immobili in questo paese, al pari di certi dipendenti statali, pensano di essere una categoria al di sopra degli altri, anche se hanno le pezze al culo, ma di questo suprematismo racconterò in un altro libro.

Qualcosa continua a non quadrare, se Pietro voleva andare a fare delle rapine, sapeva come procurarsi una pistola. Avrebbe potuto fare molte altre cose per delinquere, inoltre non si sarebbe messo a fare l'imbianchino e il piastrellista nei *weekend*. Secondo me, Pietro deve così aver ragionato: "devo fare delle rapine e scappare perché è fallita la missione e mi incastreranno" oppure "faccio le rapine, così, se mi prendono, mi arrestano per quello e non per qualcosa di peggio di cui mi hanno minacciato". Potrebbe aver scelto di fare delle rapine in una determinata zona, sapendo che in caso di arresto, sarebbe stato portato nel carcere di bergamo ed in questo carcere si sente più sicuro rispetto ad un altro, ...una strategia di protezione per non fare una fine peggiore. Poteva rapinare in altre zone, questi sono i miei pensieri per spiegare il suo anomalo e repentino comportamento. Pietro è stato portato nel carcere di bergamo, non faccio ipotesi su questo, ma penso: "da bergamo parte il problema, ma da Milano partono decisioni e soluzioni. Come sentii dire una volta ad uno youtuber «Nemmeno il CSM riuscirà a estirpare il male dal covo delle toghe rosse», facendo riferimento al palazzo di giustizia di Milano: come dargli torto? dati i fatti, appare che questo sia una sorta di lingua del picchio che con le sue azioni assorbe e dissolve qualsiasi attacco a toghe indegne e ai loro guitti e gregari.

IV

I MANDANTI 2.0

Io come dio non gioco ai dadi e non
credo alle coincidenze (Albert Einstein)

Non è segno di buona salute mentale
sentirsi ben adattata ad una società
profondamente malata
(*Jiddu Krishnamurti*)

È il 22/06/2024, mi sto prendendo un caffè e facendo due chiacchere con degli amici in zona Gorla MM, incontro Ale, un informatore, dice che mi stava cercando, hanno rubato l'identità ad un comune conoscente, uno che mi aveva mandato i documenti e che cercava lavoro da autonomo come imbianchino e similari. Ale aveva perso il mio numero e non riusciva a reperirmi, mi dice che a questo: «lo hanno fatto amministratore di una cooperativa di bergamo»; gli dico di sapere chi è stato, un commercialista milanese che ha l'ufficio accanto all'agenzia delle entrate; è protetto, a mio parere, risolveremo dopo questo problema, questa porcata l'hanno fatta anche a me, bergamo è una persecuzione non casuale.

Ale «Marco, come è andata poi quella situazione con quel tuo amico per quella tua cosa lì?» intende la pistola nella valigia, gli avevo raccontato la storia

M «Mi ero sbagliato, la pistola non era una minaccia, serviva a farmi arrestare, non ci avevo pensato, ma sicuramente progettavano, con una soffiata, secondo me finta, organizzata, di arrivarmi addosso, sapevano della pistola e mi portavano via, mi sono informato, se ti trovano un'arma, ti mettono subito in galera»

Ale «È normale marchino, anche tu che sei pulito (intende incensurato) ti portavano via», lui è stato arrestato per una cassa di armi in suo possesso.

M «Di fatto, non sono incensurato, mi hanno condannato rendendomi falsamente irreperibile, ho una condanna adesso».

Ale «Peggio marchino, stai attento, non puoi vincere contro di loro». La frase mi innervosisce.

M «Mi sono salvato perché ho inviato la Pec al ministero, questi mi avevano preparato la trappola, guarda cosa gli ho scritto». Gli leggo le frasi inviate in relazione al paragone Ruby-Frida, ho gli screenshot salvati sul telefono, glieli inoltro.

Ale «Marchino, tu sei matto, dai retta a me, io di galera me ne sono fatta, non puoi vincere contro lo stato, io ho avuto anche terroristi come compagni di cella, lo stato vince sempre, ha i servizi, vincono sempre loro; hai capito cosa voglio dire? i servizi segreti».

M «Non è detto, vedremo»

Ale «Eh vabbè, non mi vuoi ascoltare, fai tu»

Lo saluto, ci aggiorneremo per la questione dei furti di identità.

Ho sentito diverse persone legate al crimine fare questi discorsi, educati a pensare di aver perso in anticipo. In parole, opere, omissioni, vogliono insegnarti ed indurti ad essere uno schiavo, questo è il lavaggio del cervello che voglio farti toghe e divise corrotte. Qualcuno scrisse: "chi ti vuole insegnare che nulla può cambiare, vuole solo un altro schiavo"; in questo stato gli insegnamenti di questo tipo hanno avuto molto successo come dimostrano i consigli dati dal mio informatore.

Quest'anno contrariamente alla mia religione mi farò qualche giorno di vacanza, sono stato invitato da amici, altrimenti non mi passava nemmeno per la testa. Cambiare aria mi farà bene e mi concentrerò sul finire questo libro. È metà giugno, devo passare al magazzino dove stivavo le auto anni fa, qui devo avere qualche oggetto utile per il mare e dei kit da viaggio. Oramai ho usucapito questo piccolo capannone, ho una causa in corso. Da quando è avvenuta l'usucapione, circa tre anni fa, ho subito minacce ed un'occupazione abusiva da chi a mia insaputa lo aveva abbandonato e ceduto ad un leasing l'anno dopo l'abbandono. Questo tizio ha la fama di essere un truffatore, Sabino Guglielmi, c.f.: GGLSBN66A12A285G, residente a Basiglio (MI), inoltre fa recupero crediti usando la licenza di un altro. Dopo che gli comunicai a mezzo Pec l'avvenuta usucapione, con prepotenza affittò il capannone, tentando di sottrarmi le chiavi con quello che viene ritenuto un metodo mafioso secondo la cassazione: per tentare di sottrarmelo, il conduttore con lui colluso era il vicino di capannone, Tazzi Francesco Maria della indoor di Tazzi e Fumagalli S.N.C sita in Crema. Sabino Guglielmi in perfetto stile mariuolo poiché vi è una causa in corso in cui io sono attore contro una banca, per prendersi i soldi emetteva una falsa fattura ogni mese per consulenza inesistente alla indoor crema da una sua p.iva individuale. Non posso fare molto, Sabino sa che ho dei problemi di persecuzioni. Quindi, devo essere silenzioso e non attirare l'attenzione su di me e ne approfitta. Comunque, è riuscito solo ad affittare parzialmente il capannone, non a togliermene il possesso. Ma dopo qualche mese riuscii a riprendermelo.

Appena arrivo noto una situazione strana, la mia vecchia Passat che tenevo parcheggiata all'esterno e che non posso demolire per questioni legali è stata rimossa ed al suo posto ci sono due auto incidentate, i lucchetti sono stati nuovamente cambiati. Decido di sporgere denuncia.

In passato quando l'agente immobiliare della controparte, Roberto Dego della Daro Srl, in modo malizioso, aveva fatto finta di non sapere nulla dell'usucapione ed aveva fatto un accesso avvalendosi del tribunale e dell'ufficiale giudiziario. Negli atti l'avvocato Rosa Cervellione della Credit Agricole aveva stravolto la realtà. Avevo in quell'occasione inviato un'e-mail in cui i carabinieri di Crema erano in conoscenza e subito questi mi avevano chiamato dicendomi di non accedere al capannone «per non passare dalla parte del torto». Dati i precedenti, dei carabinieri non mi fido molto.

Chiedo al mio avvocato, [S], che sarebbe Saverio Santaniello del foro di Monza, di depositami la denuncia di cui gli invio copia a mezzo e-mail, ma accampa scuse e mi dice di inviare esposto a mezzo Pec ed inserirlo in copia conoscenza. Invio la Pec il venticinque giugno alla procura di Cremona, mettendo in copia conoscenza il mio avvocato e la stazione dei carabinieri di Crema. La situazione mi puzza, quando un avvocato accampa scuse per non inviare un atto è perché sa cosa c'è di marcio, ma non te lo dice. Due giorni dopo ricevo una breve risposta dai carabinieri: «Gent.mo sig. [Marco], In merito a quanto da lei esposto, le chiedo di recarsi presso la Stazione Carabinieri di Crema per formalizzare la denuncia di furto della sua autovettura e per meglio chiarire i termini della questione, anche ai fini del sopralluogo. Cordialità. Lgt. c.s. Carlo Selvaggi»

Telefono nei giorni successivi, il Maresciallo Selvaggi, comandante di stazione mi dice che al momento non possono essere prese denunce in quanto non funzionano i sistemi informatici.

Richiamo in alcune occasioni, poi il diciannove luglio il comandante Selvaggi mi chiede se posso passare il giorno successivo, mi fissa un appuntamento per le nove di mattina.

L'indomani mi presento in caserma e mi accompagnano nell'ufficio del comandante Selvaggi, la scena mi ricorda quella con il Maresciallo Rani a Cologno Monzese ed i suoi teatrini per non farmi denunciare Bonazza.

Selvaggi mi tiene nel suo ufficio trenta minuti a fare un teatrino pari al peggiore dei truffatori da quattro soldi, mi ricorda le tecniche di manipolazione del V e dello zio salvatore, quelle che ho sempre chiamato le tecniche degli interdetti, tecniche che di fatto vengono spesso usate da somari statali. Mentre il maresciallo Selvaggi fa il suo teatrino, una donna lo chiama sul cellulare perché è stata fermata da altri carabinieri, ma non nella sua giurisdizione e non vuole che questi facciano la multa. Il maresciallo Selvaggi è imbarazzato, le dice di prendere la multa ed andare via in quanto "non è maresciallo di quella zona", intendendo la zona dove la donna che lo chiama sta ricevendo la multa. Poi, in modo molto scenico, chiama un sottoposto e gli dice di prendere un'auto per fare un sopralluogo al capannone. Davanti al capannone con l'auto di pattuglia per farmi fare la figura del tonto: le auto sconosciute parcheggiate fuori dal capannone non ci sono più. Il maresciallo dice «Eh, io non sono un civilista, ma l'usucapione è pubblico, ad esempio, il gommista qui a fianco la conosce? Eh, se vanno a chiedere al gommista la conosce?». Rispondo un «No», e lui prontamente un «Eh, vede». Lo saluto, non voglio fare questioni, dovrei dirgli «Ma quanto le danno per mettersi a fare il giudice? e per il depistaggio? Ha ricevuto la Pec dove è esposto tutto dettagliatamente».

Devo assolutamente entrare nel mio capannone prima di andare in vacanza, è agosto duemila ventiquattro, riesco ad accedervi e cosa scopro? una seconda occupazione abusiva.

Nel capannone vi sono alcune auto parcheggiate e dei ricambi di carrozzeria, mi hanno buttato tutti i documenti, e gli hard disk vecchi, oltre a vecchi libri ed altro, circa cinquanta scatoloni di roba ed anche attrezzi ed un trabattello per la manutenzione dell'edificio.

Faccio un video, lo devo riguardare, qualcosa mi sfugge, devo cercare di scoprire chi è il proprietario di quelle auto.

Contatto l'avvocato Santaniello, mi dice di sporgere denuncia contro ignoti, altro non si può fare e mi fa notare che appare la stessa modalità con cui Sabino Guglielmi lo aveva "affittato".

Nel frattempo, il mio pensiero è sull'omessa denuncia da parte del maresciallo Selvaggi e sui moventi, un susseguirsi di ipotesi occupano la mia mente.

Devo formalizzare una denuncia, il sei agosto invio la querela tramite il servizio raccomandata online di poste italiane, in questo modo è inviata con firma autenticata, ho inviato altre denunce in questo modo alle procure e non vi sono mai stati problemi, per questioni di archivio invio comunque copia della denuncia a mezzo Pec alla procura allegando anche la ricevuta della raccomandata inviata dalle poste.

Passo nuovamente a Crema prima di andare al mare, voglio vedere se qualcuno entra o esce dal capannone, noto che una delle auto che era parcheggiata nel capannone, una FIAT 500x è parcheggiata nel cortile della carrozzeria F.lli Tarenzi sita qualche centinaio di metri dal capannone, maturo subito una convinzione e cioè "i carabinieri non potevano non saperlo", seguito da "chissà qual è il carrozziere di fiducia dei Carabinieri qui a Crema, oppure coloro che mandano regali; Come sempre in questo paese dove c'è malaffare ci sono le divise rosse che si vendono al pari dei peggiori accattoni". Preparerò l'integrazione della denuncia mentre sono al mare.

É il sedici agosto, alle tredici e trenta circa ho inviato l'integrazione alla denuncia a mezzo Pec alla procura di Cremona, nel video ho notato un particolare importante, ci sono alcune attrezzature che necessitano di energia elettrica nel capannone, non possono usare il mio contatore per non incorrere nel reato di furto di corrente. Noto dal filmato e dalle foto scattate che in un punto del capannone hanno fatto una modifica all'impianto elettrico, prendono la corrente o, meglio, il vicino, il precedente occupatore abusivo, Francesco Tazzi della Indoor Crema, gli fornisce corrente.

Qui in vacanza, non sto lavorando molto a questo libro, cambiare aria comunque mi ha fatto bene e in questi giorni penso alla mia ultima conversazione con Nisio ed al fatto che non ho registrato tutta la chiamata a causa un problema al telefono, ma cosa scopro? Nel pomeriggio noto una chiamata persa da Nisio, lo richiamo e non risponde, mi richiama lui.

Patch_Mllo_Cocaina_2024-08-16_Speaker2_voice_disguised.mp3

[M 00:01] «Pronto?»

[Nisio 00:03] «Maarcooo»

[M 00:05] «Allora?»

[Nisio 00:07] «Come stai?»

[M 00:09] «Bene, bene, sai che stavo pensando ai nostri... negli scorsi giorni, alla nostra ultima conversazione...?»

[Nisio 00:20] «Sì»

[M 00: 22] «Quando... tipo, la nostra conversazione in cui... tu mi hai detto che "io posso andare a parlare col maresciallo", io t'ho detto "no, lui e la sua cocaina di merda" e tu "sei proprio un calabrese". Ho detto, ah cazzo, sta' roba qui. Meglio sì, cioè? OK, Eh? ti sento male»

[Nisio 00:33] «Mi, mi vuoi fare il cazziatone, o è per ridere?»

[M 00:38] «No no, ti faccio il cazziatone perché ora sei tornato in Città Alta e… com'è l'odore di erba da —»

La chiamata continua su discorsi generici.

Un intoppo, il diciannove agosto ricevo una Pec dalla procura di Cremona «Si rigetta per impossibilità materiale di identificazione personale del depositante.

Si informa che sul territorio nazionale è dislocata una fitta rete di posti di polizia giudiziaria presso gli Uffici territoriali della Polizia di Stato e dei Carabinieri, operativi h24,7/7, 365/365 a cui fare eventuale riferimento per eventuali esposti, denunce, querele.

Distinti saluti, Dott. Alessandro Ronda. Cancelliere esperto
Responsabile Area Ricezione Atti, Casellario e Udienze
Procura della Repubblica di Cremona»
Le mie spiegazioni sul fatto che è stata inviata con firma autenticata sono ignorate dal dott. Ronda, continua ad insistere sulle sue posizioni. Per chi non lo sapesse, i cancellieri esperti non vengono chiamati in questo modo perché sono esperti, ma si fregiano del titolo di esperti per anzianità, quindi possono essere tutt'altro che esperti. Sono in vacanza, non posso fare molto e l'avv. Santaniello non mi supporta.

Arriva il 26 settembre ho un'udienza in video call con il tribunale di Cremona, il giudice è la dott.ssa Antonia Gradi, la controparte è l'avv. Cervellione e la sua collega Maria Licandro entrambe dello studio Ius Advocacy di Milano (MI). Mentre siamo in video call pongo loro la domanda: "se loro sanno di qualcuno che ha occupato in mio sfregio il capannone, dico che ho subito dei furti di materiale all'interno", dicono di non sapere nulla ma, secondo me, sono delle pessime attrici, l'avv. Cervellione mi ricorda Barbara la dottoressa di pontida, anche questa sembra voler sminuire gli altri per dare importanza a se stessa, come se non avesse altro modo per dimostrare capacità professionale, ad un certo punto l'avv. Cervellione dice «il sig. [Marco] non ha né il possesso né la proprietà» aggiunge poi «non vi era nulla del signore dentro il capannone», quella frase mi riecheggia nella testa.

Sa benissimo che sta mentendo al giudice poiché l'ufficiale giudiziario ha fatto una relazione sul contenuto del capannone, non so se pensare se sia collusa e siano stati loro a dire ai carabinieri di omettere la denuncia facendo quel teatrino. Il loro agente immobiliare di riferimento, Dego Roberto in passato mi aveva chiamato dicendo che era andato dai carabinieri a denunciarmi per effrazione perché sono rientrato in possesso del capannone, ma condivido subito l'opinione comune secondo cui «È proprio il tipico agente immobiliare italiano, fanno cose delinquenziali e non vengono perseguiti, non a caso nelle grandi città italiane spadroneggiano spacciando tuguri per case di lusso».

Il ventidue ottobre ricevo una Pec alla mia richiesta di riscontro sulla denuncia depositata dal cancelliere dott. Ronda «Egr. signore, Si informa che l'istanza non può essere accettata per impossibilità materiale di identificare la S.V. Si invita, ai sensi dell'art. 38 DPR 445/2000, a ripetere l'istanza allegando una copia di un documento di identità in corso di validità.»

Anche qui anomalie, quando ho inviato la Pec il sei agosto, la copia speculare della denuncia è stata inviata a mezzo del servizio raccomandata online, la carta di identità era nella Pec, ed in aggiunta vi era la ricevuta della spedizione del cartaceo. Mi appare un pretesto per giustificare il suo rifiuto di atti d'ufficio e omessa denuncia, troppe coincidenze, faccio il finto tonto, il quattordici novembre lo ringrazio con un «Buongiorno Dott. Ronda, mi perdoni pensavo che lei volesse fare ostruzionismo, non avevo compreso che per un errore nell'upload sul sito delle poste non era allegata alla denuncia il mio documento di identità, è stata inviata nuovamente a mezzo raccomandata cartacea. É gradito il riscontro. Grazie», so bene che non può esserci stato un errore nell'upload, ma non posso fare altro.

Il dott. Ronda dimostra un grosso ego, risponde il giorno successivo alla mia Pec «Egregio signore, a sua tutela la informo che fingo di non aver letto quanto scritto, poiché ipotizzare che un responsabile che un Capo area Ufficio Ricezione Atti, Casellario e Udienza possa volutamente "fare ostruzionismo" è gravemente lesivo del prestigio professionale del medesimo. Ringrazi Nostro Signore che non ho tempo e denaro da perdere.»

Non capisco se il cancelliere Ronda è tra le braccia di bacco o non si rende conto di quello che scrive, se mi avesse denunciato per il "fare ostruzionismo" si sarebbe scavato la fossa da solo. Così facendo, avrebbe ammesso non solo di aver rifiutato una denuncia con firma autentica, ma anche di conoscere il mittente dell'allusione a mezzo Pec e quindi automaticamente ammetteva di aver omesso delle denunce ed aver fatto un rifiuto di atti d'ufficio in quanto conosce l'identità di chi invia da quella Pec. Non importa, rispondo con «Va bene egregio dott. Rota. Nel frattempo, per questi refusi, dove non mi era stato comunicato che non era pervenuto il documento io, ho un immobile occupato e mi sono stati rubati documentazione e diversi hard disk con le modalità descritte nella denuncia. Valuti lei se mi vuole dare riscontro sull'accettazione mentre subisco questi soprusi. Buon Lavoro, Grazie»

Tanti pensieri si concentrano tutti quanti insieme contemporaneamente:
Strano questo accesso fatto ora dalla carrozzeria F.lli Tarenzi sita in Crema in via Rossignoli, …faccio varie ipotesi, potrebbe esserci ancora di mezzo Sabino e la famiglia della moglie, gli Infante, che potrei definire originari di Crema.
Il fatto che Sabino Guglielmi mi abbia detto ridendo che «la famiglia di sua

moglie, la famiglia Infante, sia in Crema a tutti nota ed il modo estorsivo in cui ha tentato di sottrarmi le chiavi ad usucapione avvenuta, mi fa intendere che lui abbia agganci che gli permettono di fare il mafiosetto a Crema, in fin dei conti quando mi ha detto in modo altisonante che lui e la moglie hanno fatto un mutuo per dieci appartamenti a Crema, non hanno pagato le rate del mutuo continuando però and incassare gli affitti e hanno usato una società romena per gestire meglio la porcata. Solitamente si riescono a fare queste cose quando si ha dalla propria parte qualche statale corrotto.

Più avanti troverò un articolo online in cui emerge che l'avv. Cervellione un paio di anni è stata condannata per diffamazione, offendendo un dottore;

effettivamente quando parla si ha l'impressione che voglia sminuire gli altri, ...forse uno psicologo le sarebbe d'aiuto.

A fronte di quest'altra situazione a Crema, non posso escludere che il Maresciallo/Luogotenente sia collegato ed in contatto con gli altri di bergamo e Cologno Monzese, i marescialli in divisa sono lo specchio delle nefandezze coperte dal CSM a Roma nell'omonimo palazzo in Piazza Indipendenza. Forse non è un caso che si chiami così, oramai in questo stato i termini Maresciallo e mafioso sono sinonimi, forse è di buon auspicio per questo paese che abbiano cambiato nome quest'anno al palazzo sede del CSM.

Quando inviai la Pec al Ministero di G.G. avevo scritto di aver dei vecchi dischi rigidi da cui avrei tentato il recupero dati. Dato il fatto che il maresciallo di bergamo è stato informato delle mie accuse contro di lui e ne sono certo - Nisio ha chiamato per ritrattare la questione dello spaccio - sono certo di aver subito l'imputazione per contraffazione per avere una lista delle utenze a me intestate e quindi sono andati per esclusione. Si saranno chiesti dove tiene questo i vecchi hard disk che non gli hanno rubato se gli sono stati fatti due furti simultanei a Milano e Cologno Monzese? Il fatto che non abbiano fatto perquisizioni a Cologno Monzese ed a Crema per l'imputazione della contraffazione avvalora la mia ipotesi, la PG suggeriva di andare a controllare presso i locali dove sono le utenze a me intestate ma non lo hanno fatto, non volevano disturbare le porcate fatte con il favoreggiamento del maresciallo Rani e dei PM che fanno le archiviazioni politiche? Chissà perché, ma quando un maresciallo ti dice «Le dico che se arriva qui una denuncia e io dico al Magistrato di archiviare e quello archivia...» questi è tronfio delle sue parole e non si fa ribrezzo da solo?

Quando sono alla ricerca di qualcosa, gli organi inquirenti immediatamente controllano: contratti di locazione/leasing immobiliari/mutui ed utenze per trovare le possibili basi operative del nemico. Devo anche ritrovare la targa del furgone col doppiofondo nel tetto, scriverò al PRA.

Nel classificatore a cartelle sospese presente nel capannone avevo un fascicolo per me davvero importante, una dichiarazione spontanea scritta da mia madre, di fatto ora ex madre in cui diceva che non provava nulla per me e che non voleva saperne di me e non voleva rivedermi per tutta la vita. Nello stesso fascicolo ci avevo inserito la revoca di potestà inflittale dal tribunale dei minori dopo una mia dichiarazione, era un trofeo per me quel fascicolo. Che posso dire? Ringrazio carabinieri, cancellieri e complici per quello che ritengo il tentacolo cremonese di Cosa Rossa. Questo paese è un tempio del marcio sorretto dalle colonne di corruzione e omertà. La corruzione innervosisce, ti fa avere dubbi sul successo, su fatto che potrai far valere i tuoi diritti. Penso alle mosse che non hanno ancora fatto contro di me, ad esempio assoldare una ragazza per sedurmi e farle fare una finta denuncia per stupro, oppure ammazzarmi facendolo passare per un suicidio. O meglio, mi sono trasferito troppo spesso per pianificare di riuscire ad inscenare un suicidio. Inoltre, ho sempre scelto stanze in affitto, e i coinquilini sono testimoni e se fosse successo qualcosa a loro, per arrivare a me, le loro famiglie avrebbero potuto creare problemi. Per un simulato stupro, forse dopo il due di picche dato a Frida hanno pensato che abbia gusti troppo diversi da loro e non potrei cadere in un tranello di questo tipo.

V

APPELLI BRESCIANI

se volete giustizia andate in un bordello,
se volete farvi fottere andate in tribunale
(schegge di paura)

Sui cadaveri dei leoni festeggiano i cani
credendo di aver vinto. Ma i leoni
rimangono leoni e i cani rimangono
cani. (proverbio arabo)

Nel primo trimestre di quest'anno ho inviato una richiesta di rescissione giudicato a Brescia per la porcata fattami dal PM Maria Cristina Rota e dai personaggi presenti nella procura di bergamo. Mi arrivò una Pec dalla corte d'appello di Brescia a luglio, finalmente! erano quattro anni che vengo rimbalzato tra bergamo e Brescia: ci è voluto oltre un anno per accedere agli atti, no comment, comunque leggo la Pec, l'undici ottobre c'è l'udienza per la rescissione del giudicato, mi hanno anche assegnato un avvocato d'ufficio. Questo mi invia una Pec, non vedo l'ora. Tutta la sentenza è basata su falsi, penso poi al fatto del presunto errore sulla data di nascita di mia madre, i miei nemici sanno che sono un orfano di fatto e potrebbero aver fatto un falso, pensando che io non ricordi la data e non ci avrei fatto caso.

Arriva il Giorno dell'udienza, la PM, la dott.ssa Caccamo, si oppone alla mia richiesta di rescissione del giudicato asserendo che ero a conoscenza del procedimento e l'istanza l'ho inviata oltre i trenta giorni, nonostante io abbia argomentato la questione dell'invio oltre i trenta giorni ed il fatto che vi sono dei falsi non la tocca. Parla per meno di un minuto e l'avvocato assegnatomi ribatte che, secondo lui, la mia domanda dovrebbe essere accolta, ma non mi viene concesso di parlare. Contraddico quanto detto dal PM Caccamo. Il presidente del tribunale mi lancia un'occhiataccia, se il suo sguardo avesse potuto parlare, presumo avrebbe detto: «come osa lui far valere i suoi diritti, come osa contraddire una toga?!»; questo paese è così, l'apartheid contro chi non vuole fare la pecora, anziché le panchine riservate ai bianchi, qui vi è il diritto di parola riservato solo a chi indossa la toga.

La mia pazienza è finita, inoltre il libro è a buon punto con la stesura, devo accelerare la fine. La dott.ssa Caccamo si è guadagnata di essere inserita tra queste righe di modo che tutti possano conoscere il suo operato.

Questo è un periodo particolare, il giornalista Senaldi del quotidiano Libero in una trasmissione tv ha fatto dei complimenti al Ministro della giustizia Carlo Nordio, ed ha aggiunto che la magistratura è «uno dei Cancri di questo paese». Le sue parole gli sono costate una querela dall'ANM. La scrittrice Ornella Mariani in TV a settembre ha detto «La magistratura è il cancro di questo paese». In questi giorni il quotidiano il foglio mostra che un'indagine del PM Gratteri ha portato all'assoluzione degli imputati, ma nel frattempo una fabbrica ha chiuso. Qualche giorno dopo un articolo relativo al comportamento della magistratura per tenere sotto scacco

Marcello dell'Utri. Salvo le notizie trovate su questi quotidiani, non tutti si sono venduti alle toghe sporche in questo paese. Inizio le mie congetture, la dott.ssa Caccamo forse fa parte del gruppetto di quelli che mi hanno messo in lista rossa. Finché non pubblico questo libro, ho le mani legate.

È ottobre, la notizia del momento è lo scandalo degli accessi informatici abusivi. Tra i coinvolti, anche, e ovviamente, dipendenti dello stato, il mio focus è stato attivato da questa notizia che leggo il giorno venti. Adnkronos: "la giudice Raineri, presidente prima sezione civile corte appello Milano, componente del consiglio di presidenza della giustizia tributaria, chiedeva ricerche per usi personali";

Che posso dire o, meglio, posso anche dubitare dell'onestà dei giudici tributari, pensavo fosse incompetenza la condanna alle spese non dovute ed il calcolo del contributo unificato esoso; invece, posso ipotizzare che non si facciano scrupoli ad usare il loro ruolo per l'interesse di un gruppetto per cui sono un soggetto da schiacciare.

È il 28/11/2024, mi arriva una mail dal PRA: "Buongiorno, la visura nominativa per codice fiscale sia attuale che storica può essere richiesta solo per sé stessi o come erede per quanto riguarda veicoli intestati al de cuius."
Anche soggetti titolati, avvocati, curatori possono agire in tal senso solo

con motivazione legata ad un procedimento legale autorizzato da un giudice.

Fa nulla, volevo inserire la targa di quel furgone col doppiofondo nel tetto, ma non ha poi molta importanza. Nel frattempo, ho saputo che il poliziotto Stefano M. in precedenza trasferito a Verona, ora è stato trasferito a Milano in stazione centrale. Nel frattempo, mi ha anche scritto il comune di Catanzaro in risposta ad una mia e-mail e ho conferma dei miei sospetti, mia madre biologica è nata a novembre, un altro falso, non è un refuso, troppe coincidenze.

A dicembre, mentre rileggo nuovamente questo manoscritto per correggere eventuali refusi e fare un primo editing editoriale, in attesa di un nominativo di un correttore professionista, la corte d'appello di Brescia mi farà uno sgradito regalo di Natale. Mi arriverà a mezzo Pec una striminzita pagina in cui mi notificano l'inammissibilità dell'istanza di rescissione del giudicato. I magistrati che hanno deciso il rigetto guadagnandosi di essere inseriti su questo libro sono: Dott. Antonio Minervini, presidente, Dott. Eleonora Babudri, consigliere relatore, Dott. Giuliana Franciosi, consigliere;

A sostegno delle loro motivazioni invocano "l'art. 629-bis, comma 2, c.p.p., che sancisce il termine di giorni 30 dall'avvenuta conoscenza della sentenza" ed inoltre asseriscono: "Si deve aggiungere che [Marco] non ha dedotto di essere stato impossibilitato all'osservanza del termine."

Non so che pensare, nell'integrazione dell'istanza avevo scritto: "Sono stati attuati comportamenti ostativi al fine di non far accedere lo scrivente alla documentazione oggetto dell'ingiusta condanna" e "La CEDU inoltre ha sollevato l'illegittimità costituzionale dell'art. 629-bis, comma 2 c.p.p.". Avranno problemi con l'italiano le toghe della corte d'appello di Brescia? Oppure come penso tutto fa parte di un'unica regia?
Sicuramente la CEDU per sollevare l'incostituzionalità dell'art 629-bis, sapendo che la corruzione dilaga, potrebbe essersi posta una domanda che le toghe italiane non si sono mai poste per mera codardia: Mettiamo il

caso che in un paese estremamente corrotto tre o più soggetti si associno per far condannare un'innocente con uso di atti falsi o falsi omissivi in sfregio ai diritti di un cittadino, gli impediscano di sapere lo stato di un procedimento, dopo che questi viene a sapere della condanna, gli negano per oltre un anno l'accesso agli atti e il cittadino - ingiustamente condannato per aver denunciato atti delinquenziali di corrotti - si vedere respinta la propria richiesta di giustizia.

Nell'anno in corso le toghe si sono lamentate dell'abolizione del reato di abuso d'ufficio chiesto dal ministro Nordio ed i giornalisti al loro servizio hanno commentato l'irregolarità della modifica legislativa per violazione delle norme sovrannazionali che al contrario disciplinano la fattispecie del reato.

In questo caso, poiché fa loro comodo, la loro interpretazione ignora volutamente i contenuti di una norma sovranazionale. È triste constatare come giudici di corte d'appello siano poco attenti alle garanzie che la costituzione conosce e che dovrebbero applicare. Il diritto di difesa ed il principio di legalità sono coniati nell'art 24 della costituzione. Ciò implica che nel caso di conflitto tra due norme, prevale sempre quella che maggiormente garantisce e tutela la libertà personale dell'individuo. Questo principio trova inoltre applicazione, quando il conflitto abbia per oggetto norme di diverso rango e provenienza. Pacificatamente le norme di rango europeo prevalgono sulle norme di diritto domestico poiché la genesi di queste norme dipende da un organismo internazionale cui l'Italia è soggetta. Ma di più. Nel caso di specie, il conflitto riguarda i termini processuali per la proposizione di un ricorso: perciò il conflitto riguarda la tutela del diritto di difesa e della libertà personale. Ebbene, noti ed esperti magistrati preferiscono disattendere l'insegnamento dei giudici sovrannazionali per respingere un ricorso deducendo semplici motivi di tempistiche.

Per ritualmente coltivare il giudizio di rescissione secondo il Brescia-pensiero, per rispettare i termini dell'art 629-bis, servirebbe la macchina del tempo, ma loro questo lo sanno benissimo. Di certo non potevo aspettarmi che mi scrivessero: "per aver osato denunciare, ti abbiamo fatto condannare, da un magistrato che non dispensa pillole di saggezza, bensì sentenze preventive, tieni chiusa la bocca, questo messaggio è il nostro regalo di natale, stai zitto e piega la testa". In questo paese pretendere correttezza dai magistrati nell'esecuzione del loro dovere, è come pretendere profondità da una pozzanghera.

Anche questa è toga.

Mah, la Pec ricevuta mi fa arrabbiare e mi ricorda il fatto che devo recuperare la salute, nonostante tutte le cure mi è rimasto l'effetto più limitante del CPTS, il mio corpo sotto stress va in shutdown, sono bloccato nel freeze o, meglio, mi sento di dire mezzo bloccato, le terapie non legali sembrano funzionare, da giugno una significativa variazione. La lotta è impari, ma ci sono abituato. Avventurarmi in questa situazione è stato come affrontare uno scontro fisico con molti muscoli stirati. Chi pensava che il danno biologico fosse così complicato? I leoni che prendono il disordine da stress anche se curati in riserva e poi lasciati liberi, soccombono al primo combattimento, ed in generale gli animali feroci nei rari casi di disordine da stress hanno comportamenti contro natura: abbandonano la prole. Alla fine, io sono ancora intero e non ho smesso di lottare. Forse sta andando meglio di quanto penso, magari manca poco alla risoluzione di tutto. Ricordo costantemente che, quando ho capito di avere un danno biologico da adolescente, tutto è cambiato. Lo senti quando sei bloccato biologicamente: senza questo problema avrei fatto altre scelte, il CPTS è un peso che sulla bilancia del "raggiungerò l'obiettivo" vs "fallirò" pende in modo preponderante sul piatto del fallimento. Ti fa avere continui dubbi improvvisi e sei consapevole che non sono paranoie. Come vi sentireste se vi dicessero che allenandovi molto e mangiando secondo una rigida dieta, avete il novantanove percento di possibilità di fallire? Non mettereste massa muscolare a causa di un danno biologico paragonabile a all'assunzione di una flebo di cortisone al giorno. L'esempio calza bene in quanto il cortisolo è l'antimateria del muscolo, mentre quando il CPTSD ti blocca nello stato di freeze, il freeze è l'antimateria della sopravvivenza, la perfetta garanzia di fallimento, sei come una gazzella sopraffatta da un leone sdraiata in stato di morte apparente che non prova più nulla in attesa del morso che la ucciderà.

Mi piace vedere le situazioni in modo filosofico come se tutto fosse una prova, come si dice, ho chiesto a Dio i fiori e lui mi ha mandato la pioggia. Ma non capisco il permanere del danno biologico, essere stato torturato da minorenne è stato utile a resistere a tutto questo, ma il permanere del disordine da stress e dell'inceppamento nello stato di shutdown a che diavolo serve? É un'ingiusta condanna senza appello o, meglio, con i giudici di appello come quelli bresciani.

VI

IL REGNO DELLE DUE MAFIE

> Mentre il manganello può sostituire il
> dialogo, le parole non perderanno
> mai il loro potere; perché esse sono il mezzo
> per giungere al significato, e per coloro che
> vorranno ascoltare, all'affermazione
> della verità
> (V for Vendetta)

> I mostri esistono, ma sono troppo pochi per
> essere davvero pericolosi. Sono più
> pericolosi gli uomini comuni, i funzionari
> pronti a credere e obbedire senza discutere.
> (Primo Levi)

Questo capitolo necessita della spiegazione di alcuni concetti:

Disturbo Narcisistico di Personalità (DNP): una condizione caratterizzata da una percezione grandiosa di sé, bisogno di ammirazione e mancanza di empatia verso gli altri. I narcisisti non hanno paura di nulla, sono in grado di negare l'evidenza senza difficoltà ed in grado di simulare qualsiasi emozione; sono in grado di raccontare menzogne su ogni area e di mentire su qualunque aspetto, temono solo una cosa: di essere smascherati; la persona con DNP è costantemente preoccupata che gli altri scoprano la sua vera natura, fatta di insicurezze e paure; perciò, si sforza di mantenere una facciata di grandiosità e potere.

Psicopatico: Nel DSM Vol. V, lo psicopatico viene definito come un soggetto con completa assenza di inibizione morale nel danneggiare gli altri, unito alla sete di potere; la verità non ha alcun valore per lo psicopatico, la verità è ciò che gli fa comodo in un dato momento; ha sviluppato una grande capacità di ingannare. È sinceramente sorpreso del rancore delle sue vittime e le punirà per questo. Se ruba la proprietà di qualcuno considera il risentimento del derubato come odio irrazionale.

Ombra (es. archetipica, impersonale): In psicologia analitica di Carl Jung e in altre interpretazioni moderne, esistono diversi tipi di ombra che rappresentano i vari aspetti oscuri o repressi della psiche. Quando un criminale come una divisa corrotta è integrato con la propria ombra, come il noto ladro Lupin non ha conflitti con sé stesso in quanto ladro e non si pente né si vergogna di quello che fa, egli ha accolto una visione distorta della propria morale o dei propri impulsi, tanto da agire con una sorta di accettazione consapevole del suo comportamento negativo. Questa integrazione si manifesta senza conflitti interiori evidenti: il soggetto agisce in modo allineato con i propri istinti e impulsi deviati. Quando invece soffre e detesta essere definito criminale, ha un problema di integrazione con la propria ombra.

Comandare è meglio che scopare: questo concetto lo si è sentito spessissimo, ma vedo che nessuno ha mai voluto dare una spiegazione scientifica, quindi ci provo io. Esiste un processo interattivo denominato: "posizione esistenziale dell'io come riferimento all'azione altrui"; in parole semplici, durante un rapporto sessuale non vi è solo il piacere fisico, ma la consapevolezza psicologica più o meno conscia che in quel momento ciascuno è la persona più importante del mondo per il partner con cui si sta facendo sesso. Proprio a causa di questo le prostitute più pagate non sono quelle più belle o che offrono prestazioni particolari, ma sono quelle che fanno sentire importante il cliente, facendogli credere che questi gli stia procurando un piacere immenso, facendoli quindi sentire importanti. Quando si comanda, si è la persona più importante del mondo per chi subisce l'ordine, che sia un subordinato o la vittima di un abuso a cui non può sottrarsi o se lo fa può subire gravi conseguenze.

Terrorista: terroristi sono quelli che combattono degli eserciti che sono stabiliti (anche dittatoriali) e lo fanno coi mezzi che hanno a disposizione, le guerre di liberazione vengono fatte da eserciti convenzionali e terroristi dall'altra parte.

Moventi dell'umiliazione: I motivi per cui uno o più soggetti a priori provano ad umiliarti sono quattro: cercano di sottometterti, per manipolarti, per insicurezza personale, per creare un vantaggio all'interno del gruppo. Si esclude da questi moventi il caso in cui il tentativo di umiliazione sia la risposta ad un'altra provocazione.

In questa pseudo repubblica i media per ovvi interessi non hanno mai voluto esporre un elemento di fatto e cioè che in questo stato convivono due grandi mafie: una è quella che tutti conosciamo, l'altra è composta di elementi dentro lo stato, i quali delinquono per vocazione e/o ingordigia, dove il mafioso porta quasi sempre la toga o la divisa oppure è a questi contiguo e/o subordinato. Il modo di operare ricorda molto la mafia classica, ma con la parvenza di essere nel giusto. Il concetto di mafia e di crimine, sono un po' come il concetto di mare o deserto, e finché nella scuola dell'obbligo non comprendi che esistono i mari di sabbia e i deserti di ghiaccio, non ti rendi conto che sono delle unità per descrivere delle dimensioni. Quindi, non avendo queste informazioni, se ti trovassi sulla luna, dove vi sono mari di sabbia, alla domanda: vedi dei mari? diresti convinto «No!»; in Italia, avere a che fare con gli operatori della giustizia è come andare sulla luna, sei portato a pensare che non vi sia traccia di mafia nelle aule di giustizia, al contrario, ne è pieno; loro giocano molto su questo fatto, è neuroscienza: noi vediamo le cose solo perché crediamo che esse esistano, perché, se noi crediamo che non esistano, ci passano davanti agli occhi, ma non le vediamo; Se credi che i fantasmi non esistano e ti passa davanti un fantasma, la tua mente lo rimuove e non vedi che è passato, quindi, se ti trovi di fronte un esercito di delinquenti con la divisa e la toga, sei portato a credere che loro sono i buoni, rappresentano la giustizia, il tutto finché poi non aprono bocca, appena questo accade. Ti appaiono allora degli sciroccati, che forti della loro posizione di supremazia, impongono un loro distopico punto di vista privo di fondamento, forzando e reinterpretando a proprio uso e consumo la normativa. Si comportano come mafiosi, ma data la posizione che ricoprono, la parola "legge" è un'arma per indebolirti, esibirsi, distruggerti ed avere consenso popolare, cosa ancora più facile in un paese con un tasso di analfabetismo che sfiora la metà della popolazione.

Al pari di elementi di un gruppo criminale che opera per il fine del profitto, il guadagno per gli organi inquirenti deviati, la maggioranza, si traduce in: notorietà, privilegi, encomi, promozioni, l'evitare un trasferimento in una zona più disagiata dello stato ed il continuo stipendio sicuro. Il loro mezzo di plagio sono i media, oracolo di un popolo ignorante, mezzo ampiamente usato dalla magistratura per mettersi in mostra, un mezzo che Licio Gelli riteneva importantissimo; infatti, è nota la sua celebre frase sul potere e i media, ma come sempre in questo paese non è illegale il gesto o l'intenzione, poiché dipende, chi fa cosa: se un comportamento é tenuto da un membro della P2, è criminale; quando elementi in toga e divisa tengono lo stesso comportamento, dicono, è per il bene comune; giornalisti come Travaglio dicono frasi manipolatorie fini a se stesse come: «I magistrati fanno il loro lavoro» oppure «Il vero problema di questo paese è che si perseguono le guardie e non i ladri (o frase similare)» con gli applausi di parte dei presenti nello studio televisivo.

In questo stato le guardie delinquono, contemporaneamente sono alla ricerca di qualche criminale, anche da poco, non colluso con loro, in alternativa, va benissimo un innocente da accusare per un triplice scopo: mostrare l'assolvimento della propria funzione pubblica, creare consensi, alimentare la gigantesca operazione di manipolazione di massa, i media di un certo tipo obbediscono come cani in attesa dell'osso; bombardano per plagiare, fino a confondere.

Non sembra che il loro comportamento sia un disturbo narcisistico e psicopatico, dipendente dal bisogno del dover comandare e trattare gli altri come sudditi, umiliandoli e sentendosi importanti come i dittatori nei regimi, ritenendo un terrorista chi si oppone al loro comportamento tirannico?

In tema di illegalità nessuno parla mai dei tecnicismi che la favoriscono, strumenti con un accesso discriminatorio supportante la malagiustizia. Molti non conoscono programmi per pratiche burocratiche comuni ai liberi professionisti come: Comunica Starweb, Telemaco, forniti dalle camere di commercio e il desktop telematico, fornito dall'agenzia delle entrate; servono per fare modifiche allo statuto di una società, estrarre una visura camerale, mentre con il desktop telematico, si può inviare previa abilitazione (con richiesta PIN) ogni tipo di dichiarazione fiscale, perché lo stato vuole i soldi, gli servono per mantenere la costosissima macchina pubblica, quindi crea software per sveltire le pratiche per sé o in collaborazione, per gli enti partner.

Nell'ambito della giustizia è nato anni orsono il processo civile telematico (PCT), da pochi anni è stato introdotto anche il processo penale telematico (PPT), vi è anche il portale PST giustizia a cui si può accedere a mezzo SPID, ma l'accesso ai propri fascicoli è molto limitato; gli avvocati hanno a disposizione un software denominato: consolle dell'avvocato; di fatto questo strumento informatico è una consolle della giurisprudenza, o consolle del processo, il cui uso é riservato agli avvocati, appare, per questioni definibili: conflitti di interesse e favoreggiamento della corruzione, oltre ad una violazione dell'articolo tre della costituzione, il quale sancisce l'uguaglianza di tutti i cittadini davanti alla legge; invito a fare alcune riflessioni:

Hai un'azienda? le multe ti arrivano a mezzo Pec, non puoi dire che non siano state ricevute, ne è responsabile l'amministratore in carica; però, se invii una denuncia a mezzo Pec viene scartata perché, secondo loro, non è garantita l'identità del mittente, contemporaneamente, se hai delle utenze telefoniche intestate all'azienda e da una di queste qualcuno fa una minaccia o anche solo uno scherzo telefonico, iniziano indagini e l'amministratore viene rinviato a giudizio; non presenti una dichiarazione contabile o la dichiarazione iva che ora si può presentare a mezzo SPID, è dichiarazione omessa, però, con lo

SPID, sul portale PST giustizia o su qualsiasi altro portale da cittadino non puoi depositare una denuncia, come fai quando i delinquenti portano la toga o la divisa? In quei casi nelle caserme o negli uffici di polizia ti minacciano, oppure fanno finta di non sentire, potresti denunciarli depositando la denuncia in una procura, ma se abiti lontano? Vuoi successivamente sapere lo stato della denuncia o l'RGNR (registro generale notizia di reato)? lo danno solo all'avvocato da remoto, a te solo se ti presenti di persona in procura.

Stai pensando, mi rivolgo all'avvocato? pensa alla frase, non si esclude di comodo, detta dal magistrato Dott. Gratteri sul caso Palamara: «La colpa è degli avvocati che non denunciano»; un momento, perché non denunciano? Hanno un tornaconto? Conflitto di interessi? Molti non hanno capito una cosa; quando un avvocato ti difende, tu lo paghi, ma non sei tu il cliente, è il magistrato; tu paghi per un servizio che viene reso ad un altro, se vieni condannato il servizio è doppio; c'è qualcosa che non si comprende?

L'Italia è il Paese più corrotto del mondo, quindi se la corruzione dilaga, i delinquenti non possono non essere all'interno dello stato e delle istituzioni e, soprattutto dentro la macchina della giustizia. Quindi, poiché i magistrati devono dimostrare il frutto del proprio lavoro onde evitare critiche politiche e non subire ritardi e interruzioni di carriera, come si fa? Si ammanettano tra di loro? Oppure bisogna creare processi privi di fondamento per deviare l'attenzione dell'opinione pubblica dai processi insabbiati e quindi proteggere la vera delinquenza? Come nel caso raccontato in questo libro, in cui uno studente viene processato e messo alla berlina sui giornali con accuse gravissime solo perché in casa detiene due piantine di Marjuana, impiegate per delle ricette di cucina o per una semplice tisana, in quanto prive di principio attivo, mentre, al contrario chi spaccia da vent'anni è protetto: e questo non è il caso più scabroso tra quelli esposti in questo libro.

Quindi, lo stato non vuole fornirti gli strumenti per interagire con la giustizia? Per quale motivo? Cosa accadrebbe se previa abilitazione come per il Telemaco o il desktop telematico un cittadino potesse sporgere denunce, scaricare i fascicoli che lo riguardano, ricusare un giudice, accedere al fascicolo del CSM su un magistrato, avere la protocollazione automatica di un atto inviato e/o scoprire tempestivamente il rifiuto di atti d'ufficio, poiché al cancelliere, è stato detto di non includere alcuni atti nel fascicolo telematico? Qualche avvocato, ridendo, col sorriso del truffatore, affidabile quanto una banconota da quindici euro, potrebbe dire: «Ma sono cose riservate agli avvocati». Si traduce in: Ma siamo impazziti? Noi ci siamo elevati a servi della casta dei potenti magistrati corrotti, assieme ad altri guitti corrotti in divisa e non, sabotiamo gli onesti, in cambio del nostro servilismo espresso in diversi modi: non denunciando i corrotti, ma raccontando di averlo fatto, mentendo sullo stato del procedimento, non chiedendo risarcimenti allo stato, facendo decadere termini, dichiarando false irreperibilità, distruggendo atti in accordi con loro. In cambio di questo abbiamo ottenuto di non avere controlli fiscali, che eventuali esposti e/o querele contro di noi si sciolgano come una palla di neve in un microonde alla massima potenza, e ridiamo di questo, perché nessun magistrato ci perseguiterà poiché noi mostriamo sottomissione e riverenza. Toghe rosse, il terzo potere di questo stato, vi abbiamo trattato come dei ed in cambio abbiamo potuto essere i vostri sacerdoti. Di questo passo che cosa potrebbe accadere? Volete che tramite la consolle della giurisprudenza cittadini onesti sabotino anni di delinquenza? In futuro i cittadini potrebbero rivolgersi alla cassazione tramite questa consolle senza avvocati (prima del 1940 era possibile), arriveremmo al punto che ogni udienza sarà registrata e voi non potrete più comportarvi da boriosi egoici, non potremo più agire come una corporazione cancerosa; giammai!!! *The show must go on*, la discriminazione anche; "toga sporca, io avvocato corrotto sarò il tuo guitto e ne avrò il criminale profitto", l'alchimia della giurisprudenza deve continuare, la chimera deve vivere, il DNA del crimine di stato non deve essere modificato, solo noi serviamo voi che moltiplicate il mitocondriale e depistate il cane molecolare. Questo accesso al cittadino non sa da fare né domani né mai, pensate alle conseguenze: un drastico calo della delinquenza negli uffici giudiziari, molti di noi vostri servi perderanno il lavoro, non potremo più accattonare ed estorcere con ricatti soldi ai clienti, non potremo più intimidirli, non potremo più vendere promesse, sarà la fine delle vostre accuse incredibili e ridicole, delle inchieste bufala Se la partita non è truccata non potrete più vincere, perdendo, sarete quindi voi quelli brutti, sporchi e cattivi. Molti di noi verranno radiati e ci sarà spazio solo per gli avvocati veri, avete presente? quelli che vi denunciano, quelli che non violano l'obbligo di dire la verità come da codice deontologico, potrebbero tornare a professare il mestiere avvocati come il prof. Paolo Franceschetti; fermatevi! La vostra credibilità è ai minimi storici, le vostre dichiarazioni appaiono credibili quanto il crollo delle torri gemelle secondo la versione ufficiale. Non aprite quella porta, cioè quella consolle ai cittadini che vogliono giustizia.

L'esclusione dei cittadini dall'uso della consolle equivale a impedire l'esercizio del diritto di difesa poiché di fatto è inibito l'accesso agli atti del processo e la difesa tecnica è per lo più una favola. Infatti, molti funzionari d'impresa hanno competenza di gran lunga maggiori di molti avvocati e commercialisti. Pensate al settore dell'ambiente e rifiuti, oppure la disciplina Trust e concorrenza sleale. A proposito di deontologia, pensate ai pessimi consigli che la PM Antonelli Elvira nell'interrogatorio di garanzia propone asserendo che avrei dovuto cambiare il commercialista e fare causa al primo. Peraltro, ha deviato il discorso sul pagamento: la magistratura ed i loro servi sanno benissimo che commercialisti ed avvocati raramente vengono condannati in caso di responsabilità civile e professionale per danno nei confronti di un loro cliente. Molti non combattono il sistema del malaffare e violano i principi cardine della libera professione quali l'autonomia dell'ordine professionale e la lealtà verso il proprio cliente. Queste omissioni si declinano in una scarsa critica verso la magistratura, ovvero, in una superficiale difesa verso gli interessi rappresentati dai propri clienti. Purtroppo, ci sono casi in cui il commercialista omette il deposito delle dichiarazioni e favorisce un giro di collusione, servo ad un'accusa premeditata da agenzia delle entrate, guardia di finanza o magistratura. Ma a loro questo poco importa poiché vengono per lo più condannati solo se si tratta di reati in cui lo stato è parte lesa.

Il vero modo per ripulire questo stato dall'ingerenza del malaffare potrebbe essere la reintroduzione almeno per un certo periodo della pena di morte limitata quantomeno agli operatori del settore giustizia. Se il lettore ritiene che questa medicina sia eccessiva o barbara, invito a leggere libri come "la pena di morte italiana", in cui si parla delle morti nelle carceri. Il rischio carcere è un rischio morte in Italia e l'operato di alcuni magistrati, pirati della giustizia, sembra proprio quello applicato da alcuni personaggi sulle navi nel millequattrocento: il condannato a morte veniva costretto a camminare su una passerella e cadeva in mare. Non veniva ucciso dai giudicanti, ma era di fatto una condanna a morte; tutto ciò riflette la situazione odierna quando mettono le persone in carcere o sospendono la vita dei cittadini con provvedimenti provvisori come ordinanze di custodia cautelare, ovvero sequestri preventivi, confische o diffamazioni. Vogliono poi lavarsene le mani, e questa non è barbarie? Per certo ipocrisia e irresponsabilità. Forse potrebbe essere istruttivo istituire il giorno delle corde rosse, un giorno in cui gli operatori di giustizia colpevoli di malaffare vengono giustiziano con un nodo scorsoio. Se qualcuno sopravvive all'impiccagione gli si offre come premio un dolcetto al polonio; eccessivo? Gli errori e la malafede dei giudici portano i cittadini in carcere, il 2024 è anno record per i suicidi in carcere senza contare quelli causati dalle azioni preventive.

Loro si comportano come un'organizzazione criminale, ti aggrediscono per mostrare il loro potere. Stai attento se osi andare in una direzione politica a loro scomoda; Berlusconi è stato aggredito in modo ignominioso non per i Bunga Bunga, ma per la sua mancata sottomissione, il suo non volersi inginocchiare alla magistratura sporca. A me non vogliono perdonare aver osato reagire davanti al comportamento mafioso di uno dei loro buchi preferiti, avranno sentenziato: «In nome del popolo del pilu, che la vita sia un supplizio a chi ha querelato il nostro preferito orifizio»; a cui tutto era concesso. Quando penso a questa situazione, mi viene in mente un discorso del Magistrato Dott. Gratteri, riguardo la massoneria: «Loro non perdoneranno aver osato» andrebbe detta la stessa cosa su determinate toghe, forse dovrebbe passare il messaggio «La Mala-toga/Mafia-toga non perdonerà aver osato denunciare e ribellarsi». Pensate al caso dell'antimafia palermitana, dove decine di agenti hanno inventato il falso su un giornalista innocente, classificandolo come mafioso per soddisfare le esigenze della dott.ssa Saguto. Obbediscono ad ordini illegittimi allegramente come se magistratura fosse sinonimo di monarchia assoluta. Fanno il lavaggio del cervello parlando di mafia e massoneria senza specificare che in questo stato esiste anche la mafia in toga ed in divisa, la cui differenza sta solo nell'abito, è come guardare due personaggi dei Simpson: Homer e Krusty, il clown, questi sono identici. Uno però ha il trucco e la parrucca, l'altro no, la parte deviata dello stato in toga e divisa è proprio così, un mariuolo senza scrupoli travestito da paladino della giustizia ed investito di un potere quasi assoluto: non colpisce in faccia, ma al fegato ed ai reni, non ti brucia l'auto, te la pignora, ti sequestra i soldi dal conto corrente, ti diffama sui giornali, dandoti del delinquente. Quando non riesce a spaventarti ed impedirti di denunciarlo, con atti omissivi dei propri doveri d'ufficio dispone l'archiviazione di ogni accusa: non vuole essere considerato un criminale, perché ha problemi di integrazione con la propria ombra. Come il narcisista teme di essere scoperto, il corrotto fa la vittima se viene sputtanato sui giornali, e le sue giustificazioni sono valide quanto quelle di un prete pedofilo che dice che è stata la bambina di dieci anni a sedurlo. Il loro modo di combattere è il poter colpire senza essere colpiti: il sistema serve a questo.

Spessissimo nelle trasmissioni TV i giornalisti di sinistra, – a tutti gli effetti dei balilla rossi e le toghe il loro duce, – elogiano i magistrati come paladini della giustizia, quando in realtà meglio sarebbe parlare di paladini dell'ingiustizia.

Loro sono la gang e il branco che tanto perseguono nei processi per aggressioni e stupro di gruppo. In questo caso la vittima stuprata è la giustizia, tanto è bendata. Quindi, il criminale non potrà essere condannato: se i rei sono dei guitti rossi, se anche la giustizia non fosse bendata, anche di fronte a prove certe, questi verrebbero dichiarati persone sconosciute e quindi nemmeno imputati. Si sentono così il Gallo della situazione e in diritto di ripetere ogni crimine.

I magistrati, a priori, quando vengono criticati, inviano una denuncia-querela, spesso queste denunce rasentano ipotesi di reato per calunnia e lite temeraria. In questo caso si potrebbe chiamare, "lite pusillanime", dato che, se denunciati per tale reato, il tutto viene archiviato dai compagni di merende, oppure il fascicolo viene tenuto sospeso per anni. Se glielo si fa notare, citano l'esempio di un giudice su mille che è stato condannato, probabilmente senza nemmeno essere stato espulso, giusto un buffetto sulla guancia.

Questi sistemi complessi con cui governano sono enormi e complicati, pieni di delazioni dei loro servi su eventuali ribellioni, i fatti raccontati in questo libro sono accaduti dal duemilasei al duemilaventiquattro e non è ancora finita, qualcuno ne ha parlato sui media? quello su cui contavano è che nessuno avrebbe voluto vedere quanto era profonda la tana del Bianconiglio (rosso-coniglio in questo caso), nel frattempo loro si sono presi approvazione, stipendi, privilegi e promozioni per diciotto anni e continuano.

Il ministro Nordio cambiando la legge ha bloccato l'arresto preventivo e la magistratura per lo più è critica per questo provvedimento: era la loro arma preferita arma di distruzione di masse.

Se siete coinvolti in un processo, tra le cose che più potrebbero stupirvi è l'uso cretino della domanda retorica da parte di alcune toghe. Non si tratta di raffinata e manipolatrice retorica, ma di tecniche da asilo impiegate in forza del proprio ruolo perché siete nel loro regno. A volte vi appariranno in completa senescenza, vi diranno frasi come «Ma lei lo sa che bisogna essere laureati in giurisprudenza per dire queste cose...» oppure «Ma lei lo sa che...», seguito da ogni altro tipo di idiozia come: «questo non si può fare, lei doveva denunciare (così loro archiviano)». In qualche talk show, se criticati, si aggrappano a frasi come: «Lei non è magistrato e non può capire, lei non sa, lei non capisce il nostro lavoro, lei non ha esperienza», oppure, si aggrappano a «Lei non è nemmeno laureato»; di questo passo non potrai fare causa per danni perché non hai il titolo del professionista (idraulico, elettricista, avvocato) che ti ha danneggiato. Stranamente, però, vogliono il consenso del popolo bue ed analfabeta. Spesso giustificano le loro decisioni alla luce delle illazioni espresse dalla polizia giudiziaria (PG) nel tentativo di darsi una patina di credibilità ma al contrario devono sopperire alla propria incapace superficialità e ignoranza con l'autoreferenza, una PG che spesso omissiva, quando non completamente corrotta, evita di approfondire i fatti o peggio li altera volontariamente.

Forse nella prossima riforma della giustizia verrà disposta la videoregistrazione dell'udienza con primo piano di tutte le parti del processo e inoltre davanti ad un magistrato che dice idiozie, si possa rispondergli: «Ma lei lo sa che è una vergogna che lei percepisca il suo stipendio a fronte delle stupidaggini che compie? Ma lei lo sa che è una vergogna per l'abito che indossa? Ma lei lo sa che questo paese ha un rating internazionale bassissimo grazie alla magistratura? Ma lei si rende conto che al posto di: la legge è uguale per tutti; avrebbero dovuto scriverci: mostra sottomissione e riverenza e ti sarà favorevole anche se illegale la sentenza?»

Toga e divisa, legittimano il loro bullismo, senza il potere da queste datogli, supplicherebbero. Pensate agli agenti dell'ufficio passaporti di Milano, si sono dileguati dopo una lettera al prefetto. Quindi, quasi un'ammissione di colpa che potrebbe avere il titolo su qualche quotidiano: "passaporto bloccato perché il pilu della polizia ha denunciato". Per ora non faccio esempi su toghe cacciate perché non voglio infierire, dato che c'è chi ha avuto il coraggio di parlare.

In questo novembre duemila ventiquattro, è appena stato eletto il presidente Trump, i giornali stanno parlando del fatto che Elon Musk ha criticato la magistratura italiana. Questa ed i collusi asseriscono che Musk o qualsiasi altra persona dovrebbe farsi gli affari suoi, senza permettersi di criticare i giudici italiani. Peraltro, nessuna critica di questo tipo è stata espressa quando le ONG esaltavano la magistratura italiana. Potrei andare avanti a scrivere per ore. Un video che fa un'analisi ottima della situazione è: "arriva la cavalleria" sul canale YouTube di Andrea Lombardi oppure il video di Andrea Colombini aventi ad oggetto "Elon Musk, Mattarella e la Magistratura Italiana". Non ho collaborazioni, quindi nessun conflitto di interesse.

Il procedimento "Frida" ha generato una moltitudine di procedimenti paralleli con l'obiettivo del sistema di autotutelarsi. Consideriamo il numero dei magistrati coinvolti nelle vicende esposte in questo libro, questi sono colpevoli di gravi fatti e non si può escludere che insieme abbiano generato una vera e propria organizzazione criminale e mafiosa. Le strutture mafiose sono strutture in cui crimini multipli sono commessi per mantenere il controllo e l'influenza, un controllo che verrebbe a mancare se non vi fossero le continue imputazioni bavaglio, le minacce negli uffici pubblici e i furti per provocare anche danno economico e lo stalking (anche giudiziario).

I mafiosi sono ritenuti indolenti ai deterrenti ed alle pene previste per le violazioni del codice; i fatti qui esposti mostrano che al pari dei criminali di spessore, una parte della magistratura non teme istanze, ricorsi e/o tutto quello che può essere fatto nel palazzo di giustizia. Quello che realmente teme è l'opinione pubblica, teme che i fatti reali vengano a conoscenza del pubblico; quindi, tenta di reprimere opinioni di personaggi pubblici o con comportamenti carbonari, bloccare quelle di privati cittadini.

Appare quindi che per moltissimi dipendenti statali (anche magistrati) essere leali al tricolore significhi servire la verde Marjuana, la bianca cocaina e le rosse passere dalla gola profonda.

VII

NOT IN MY NAME

Quando la tempesta sarà finita
probabilmente non saprai neanche tu come
hai fatto ad attraversarla e a uscirne vivo.
Anzi, non sarai neanche sicuro se sia finita
per davvero. Ma su un punto non c'è
dubbio. Ed è che tu, uscito da quel vento,
non sarai lo stesso che vi è entrato (Haruki
Murakami)

La foresta si stava restringendo, ma gli
alberi continuavano a votare per l'ascia,
perché l'ascia era furba e convinse gli alberi
che,
avendo il manico di legno, era uno di loro.
(proverbio turco)

È evidente un chiaro parallelismo fra giustizia italiana e abusi famigliari e/o nelle comunità che si spacciano per strutture di recupero, ma all'opposto dell'immagine al pubblico, i luoghi preposti alla giustizia sono luoghi di tortura (es. comunità "Shalom" gestita da suor Rosalinda), sono mantenuti funzionanti dagli stessi meccanismi: un sistema di posizione dominante che crea abuso e tortura a circuito chiuso, senza possibilità di uscita, pieno di negazione di ciò che è palese. Il libro intitolato: "il libro nero della pedofilia" racconta di una madre che entra in camera da letto e dice al marito di fare meno rumore mentre stupra la figlia per non insospettire i vicini. Questo è ciò che le toghe dicono ai loro camerieri in divisa, di non fare rumore e lasciare prove, mentre commettono i peggiori reati, di cui, spesso sono i mandanti. In tal modo, possono non esporsi e così possono disporre archiviazioni di comodo e de plano. Prendiamo ad esempio il caso Cucchi. Per sette anni i magistrati hanno accettato versioni inverosimili, come ad esempio la circostanza per cui le contusioni fossero state provocate da percosse; al contrario in un secondo tempo la magistratura è stata costretta ad affermare che Cucchi è stato torturato solo per salvarsi la faccia e per inseguire il clamore mediatico. A questo il processo ha accertato e avvalorato conclusioni diametralmente opposta. Comunque, ci si chiede ora come sarebbe andata, se Stefano e Ilaria Cucchi, ora ministro, non fossero stati di sinistra.

L'intervento dell'ex ministro, ormai senatrice assieme al Magistrato Gratteri in TV contro la riforma Nordio appare quasi uno slogan "Giustizia avrai se alle toghe rosse ti inchinerai". Questo libro dimostra che la magistratura può impedire processi a fronte di incontestabili prove e la durata del procedimento non ha la minima inerenza

Come riferisce la pletora degli avvocati, negli anni Novanta, se l'avvocato entrava in tribunale con sotto al braccio "il giornale" di Indro Montanelli, l'assistito veniva condannato, se aveva con sé l'Unità, il cliente era assolto.

Baudelaire scrisse: La più grande invenzione del diavolo è aver indotto gli esseri umani a non credere nella sua esistenza. La più grande invenzione della magistratura rossa manettara e giustizialista è aver indotto i cittadini a credere che loro sono i buoni, sono dalla loro parte, che loro e le corrotte divise rosse non sono un tutt'uno mossi da comuni interessi che si traducono solo in vantaggi personali. Pensate forse che la magistratura voglia il numero identificativo per i poliziotti? Certo che no, per evitare che un giorno poi lo chiederanno anche per loro.

Questa è la grande menzogna, far credere che toghe e divise rosse siano avversari e non membri di uno stesso partito.

Quando i magistrati vengono messi di fronte ai loro crimini, si difendono infangando l'accusatore, oramai vivono da decenni in una bolla, dove puntano il dito contro chi li critica e vuole limitare il loro potere di cui continuamente abusano, accusando di fascismo chi non li idolatra. In questo stato, politica di destra e manganello sono sinonimi, come spesso, destra è sinonimo di fascismo per la magistratura rossa e sostenitori, ma se il manganello è rosso, non è colpa di chi lo usa; è colpevole chi subisce: insomma, è stata la tua faccia a sbattere contro questo immacolato rosso manganello della giustizia.

La storia è sempre la stessa, macrocosmi e microcosmi di situazioni che si ripetono in un *loop*, in questa bolla loro sono la razza superiore, «loro non sono come noi» è una delle frasi che più potrete sentire tra coloro che fanno abusi di potere. Questo è razzismo puro. La storia insegna, Hitler doveva sterminare gli ebrei in nome di una razza superiore, gli ariani, nome che deriva harihan (spero si scriva così), ossia il perfetto venuto dal cielo. I padani si sentivano il popolo eletto dalla lega e la Padania era la terra promessa, la dottoranda di Pontida, paese fulcro della lega comunista bossiana, diceva «Ma lui come si permette di rispondermi, io sono una dottoressa, si rende conto di quello che è» sentendosi in diritto di prendere i soldi versati in parte dallo stato per l'affido famigliare, il V diceva «Com'e giusto, tu non devi reagire, lo dico io che so' rappresentante sindacale, io so' comunista». Quando si crea un sistema distopico di abuso, dove vi sono dei pazienti designati messi in situazioni di minorata difesa, e, secondo l'ideologia degli aguzzini, la tortura è meritata dalle vittime, nascono le dittature. É come vedere degli stupratori che dicono alla stuprata «Tu lo volevi puttana, sei stata tu a chiederlo, sei una bugiarda».

Le dittature sono dei circoli viziosi da cui si può uscire solo abbattendole. L'inchiesta tangentopoli è stato un golpe giudiziario e nessuno ha ancora pubblicato online tutti fascicoli del procedimento che ha cambiato l'Italia. Qualcuno ha mai comunicato che di tutti gli imputati di mani pulite solo il tre per cento è stato condannato in primo grado? Immaginatevi, poi, la dissoluzione dei giudizi in secondo e terzo grado. A cosa è servito tutto il circo mediatico se non a far passare per delinquenti i politici della prima repubblica, per decapitare quella classe politica che, mettendosi di traverso, non svendeva il paese piegandosi all'ingresso dell'euro ed alla svendita dell'Italia e usando alcuni di questi politici come capro espiatorio, facendoli morire e inscenando suicidi e/o incidenti come nei casi di Craxi, Raul Gardini, Gabriele Cagliari? …una prova di quanto alla magistratura importava del bene del paese e dei cittadini. Vi piace quello che è accaduto grazie a loro?

Quanti sanno che un magistrato nell'ottantotto, pubblicò un libro dal titolo: il piccone e la quercia. Questo volume racconta di come sarebbe andata mani pulite, del fatto che dovevano defenestrare la classe politica per via giudiziaria; quindi, era qualcosa di pianificato almeno cinque anni prima. Vi volete fidare di queste persone? il risultato lo avete davanti agli occhi come l'ho io. Oltre a come è stato ridotto questo stato, pensate a processi come quello di Rosa e Olindo Bazzi, il caso Yara-Bossetti, cercate articoli su persone che si sono fatti anni di carcere da innocenti per le tesi delle toghe e dei loro servi. Avete mai sentito le illazioni della parte accusatoria espresse per giustificare l'irragionevole teorema della tesi di una toga quando dice senza riscontro oggettivo e fattuale frasi come "secondo noi ha fatto, secondo noi è colpevole, secondo noi ha evaso", ma non si assumono responsabilità delle loro dichiarazioni e delle loro azioni, al pari dei padroni che servono. Quindi, chi costruisce un ponte non si assume nessuna responsabilità se crolla anche solo dopo pochi giorni, perché ha fatto fare fantasiosi calcoli strutturali, ma vuole la gloria ed i soldi di averlo costruito. Si potrebbero fare altri mille esempi. É possibile che possano esistere queste situazioni da oltre vent'anni e nessuno faccia nulla?

Non si esclude, sia pianificato un altro golpe giudiziario entro il duemilatrenta, esteso a livello europeo, ma questa volta sarà la fazione opposta oltreoceano ad essere il burattinaio, e verrà implicato il partito dei giudici, non è un caso che vi sia stato lo scandalo Palamara-Magistratopoli.

La magistratura, piena di soggetti egoici, messa di fronte alle porcate provocate, ti guarda con sincero sdegno come se volessero dire «Ma io sono una toga, lui come si permette di contraddire quello che dico? anche se dico il falso, ho ragione io, sono una toga; ma perché si lamenta se sto calpestando i suoi diritti, tanto lui chi è?» con lo stesso sguardo con cui uno psicopatico guarda la vittima.

Lo slogan del suprematismo togato è: "autonomia e indipendenza della magistratura", se insultate chi resiste, siete bravi, vi inviteranno, ben pagati, in qualche trasmissione a fare il prezzemolino con gli applausi di sottofondo. Loro sono puri quanto Oropa Bagni nei fine settimana degli anni Sessanta, un'altra enorme porcata su cui non hanno voluto indagare.

Magistratura rossa e compari ritengono di essere "il perfetto venuto dal tribunale" e le divise sporche al pari delle S.S. naziste si accaniscono contro il designato nemico. Per loro, bestie suprematiste, il nemico è un essere inferiore; sono il loro braccio armato che obbedisce come un cane addestrato a farti indagini, creando atti falsi, con lo scopo di arrestarti. Questi casi non sono né rari né isolati. La magistratura ha governato questo paese in modo tirannico. A questo servono i sequestri ed il carcere preventivo; attenzione a dire "La toga è nuda", il timore reverenziale è dovuto nei confronti di toghe e divise sporche, pericoloso ricordare loro il che sono semplici dipendenti pubblici al tuo servizio e devono rispondere delle loro azioni: questo non è tollerato. Chi non è don abbondiano nei modi, è, secondo i loro parametri, indolente di fronte all'autorità, quindi deve pagarla, attenti a non trattarli come Craxi ha trattato i militari USA a Sigonella o la pagherete cara.

Nel sistema corrotto l'unico criterio di approvazione è l'obbedienza ai comandi arbitrari; bisogna obbedire in tutto e per tutto agli ordini. I tribunali italiani ricordano fatti similari a quelli di Bibbiano, dove coloro che dovevano accudire dei minori, li abusavano. Lo stato italiano è per la maggior parte così, i *justice-giver* sono degli *abuse-giver*, questo stato è marcio. La falsa narrazione è ai massimi storici, non vi appare che siano esseri asserviti al potere del crimine? Vogliono il consenso mentre vi danneggiano tronfi nel loro delirio criminale che vi ha compromesso la vita. Non siete d'accordo con loro?

Allora, siete complottisti oppure avete le manie di persecuzione.

Tutto questo è accaduto dando potere ad un determinato gruppo di persone che, pur essendo considerati una élite dello stato, al pari di altre élite, non si sono sottoposti a test attitudinali al fine di valutarne l'idoneità; pensate ai soldati che partecipano al programma per diventare incursori, durante ogni momento dell'addestramento possono essere buttati fuori dal corso, se l'istruttore nota che il soldato non ha l'atteggiamento mentale idoneo per fare l'incursore. Al contrario, non è stato mai introdotto e forse non lo sarà mai un test per valutare le intenzioni e l'attitudine dei candidati, aspiranti magistrati spesso raccomandati. Infatti, sin dall'inizio è sicuro che potrà delinquere senza essere perseguito, o alla peggio, lavorare solo per stipendio e notorietà in sfregio ai diritti degli altri, coperto da interessi di ultracasta. Quindi, il potere ed un certo modo di esercitare l'autorità sono la prassi di un sistema deviato. Come può accadere tutto questo in uno stato che si professa di diritto?

Alcuni magistrati asseriscono sia "fisiologico" arrestare cento o mille innocenti, ma non fanno mai arresti in massa a toghe e loro collaboratori, nessun sequestro preventivo, confisca, pignoramento, oltre una doverosa interdizione preventiva dai pubblici uffici. La legge non è uguale per tutti. Considerano un atto terroristico le critiche, danneggiano la giustizia, a loro parere. In uno stato marcio le denunce e lo sputtanamento dei corrotti del settore giustizia sono visti come atto di terrorismo ed eversione perché minano il potere del despota. Questo è il paese delle false narrazioni dove non vi è nulla di vero, nemmeno la storia della nascita di questo Paese. Non vi sono rivolte popolari o l'intervento dell'esercito quando dei politici di sinistra con orgoglio parlano di due stupratori che impiccarono una tredicenne: Giuseppina Ghersi. Questo è il concetto di eroe secondo l'italiano medio, in fin dei conti le toghe usano il metodo di indagine rosso, come si millanta l'eroismo partigiano, confondendo l'essere vermi con l'essere eroi. Nessuno membro delle forze dell'ordine è intervenuto davanti alla propaganda di violenza di sinistra, non si fa, si assecondare il pensiero degli alleati delle toghe rosse.

Contrariamente a quello che ha dichiarato in Tv la scrittrice Ornella

Mariani relativamente alle forze dell'ordine, quelli che io chiamo divise rosse e la Mariani maggiordomi, non sono servili alla magistratura solo per lo stipendio, ma perché mettendosi a disposizione, anche in azioni criminali, vengono protetti e possono a loro volta delinquere sapendo che non verranno mai condannati. Possono inoltre provare il piacere del comando sentendosi importanti, dei guitti che godono di riflesso del potere del padrone che servono. É una guerra di nervi tra coloro per cui sei carne per i quaderni della magistratura e chi vuol far valere i propri diritti. Denigrano e screditano chiunque gli dica la verità in faccia definendolo non attendibile. Sono come un bugiardo incallito che sostiene cose senza riscontro dando del menzognero a chi espone e dimostra la verità.

Magistrati come Davigo parlano dell'apologia di omertà definendolo: fondamento del sistema mafioso. Quindi, cosa dovrebbe esserci scritto nei tribunali? Omertà è la regola! L'Italia è la repubblica fondata sull'oscenità dell'impunità dei magistrati e dei loro guitti. Avete mai visto la loro boria e come vi ridono in faccia le divise rosse quando vi fanno un abuso di potere spesso convinte di farla franca? Questo è un esempio del fatto che l'ambiente vince sull'individuo, io lo chiamo: "il fattore delle zucche di Halloween". Prendete una zucca sana, la svuotate del contenuto, incidete un volto artificiale, un ghigno, poi ci mettete una candela dentro per far finta che abbia vita: sono così le divise rosse, specchio dei padroni che servono, vuote con un ghigno esterno ed una tremula candela interna che viene tenuta accesa da un ambiente marcio. Ciò che temono di più è di perdere quella divisa e se accadrà sarà chiaro che non hanno altre competenze se non quelle di fare un lavoro di bassa manovalanza. Hanno sviluppato comportamenti da bulli ed antisociali. Senza quella divisa sono delle iene prive di muscoli, guappi di cartone e in un altro ambiente non potrebbero permettersi di fare i bulli. Quindi, faranno tutto per restare ed i magistrati gongolano per la fedeltà dei loro servitori. L'attacco è sempre quello: minaccia, violenza, estorsione; di modo da dissuadere, ridicolizzare, manipolare, perseguitare, ammonire e terrorizzare chi non si prostra, il tutto mascherato da atto di giustizia per la collettività, se non vuoi subire, devi dimostrare sudditanza, loro si sentono in diritto di calpestare i tuoi diritti. Casi come quello del magistrato Silvana Saguto o dei festini di Siena non sono situazioni rare: la loro forza è il sistema deviato, senza non potrebbero dominare.

In generale, in una storia che si rispetti, i cattivi sono intelligenti, non sono sporchi e raccapriccianti. Al contrario in questo caso sono dei gaglioffi sporchi dentro e patinati fuori, marionette di entità intelligenti, hanno lauti stipendi e carriere a prova d'asino, come descritto nel libro l'ultracasta. Incaricano solo periti che dicono quello che gli aggrada, anche se falso o impossibile, altrimenti gli revocano l'incarico. Devono però apparire esseri dalla mente raffinata; le menti raffinate sono il *deep state* o l'entità che li comanda e come raccontò il politico Veltroni un'entità esiste. Si sono autolegittimati e delegittimano i cittadini: le menti brillanti (definizione del giudice Falcone) che guidavano le azioni dei mafiosi sono coloro i quali che hanno creato tutto questo. L'Italia è una colonia! Vuoi credere che i PM di mani pulite non fossero guidati da altri nel fare un colpo di stato giudiziario in cambio dei privilegi che hanno poi avuto? Ossia risonanza mediatica e potere politico. Durante l'esperienza di mani pulite spesso e volentieri gli atti a contenuto decisorio del comune di Milano venivano condivisi dalla locale procura. Quando il Presidente della

Repubblica Carlo Azelio Ciampi venne in visita a Milano, il dott. Borrelli, procuratore capo della repubblica di Milano, espresse il proprio disappunto nei confronti della più alta carica dello stato lamentando il reato di lesa maestà: il presidente non era andato a salutare il procuratore capo di Milano. Qualcuno crede andando a lavorare nel settore privato un ex-magistrato possa aspettarsi lo stesso trattamento economico e la stessa considerazione? Chi lo pensa, non ha ancora compreso che in questo paese funziona tutto al rovescio. Incompetenti che non troverebbero lavoro nel privato vengono considerati divi e menti sopraffine nella dirigenza pubblica. Questo accade anche per altri dipendenti statali come gli impiegati dell'agenzia delle entrate: questi fanno per lo più accertamenti e ridono, apparendo dei somari che ragliano quando mandano controlli basati su contradditorie supposizioni: se lavorassero nel privato sarebbero licenziati in tronco. Peraltro, consapevoli che un certo tipo di magistratura li protegge, si sentono in diritto di compiere azioni criminali. Il quotidiano, "il Foglio", ha parlato della nemesi dei PM di mani pulite. Io senza voler fare nessuna illazione o azione similare, spero di aver spiegato quali tensioni animino la nostra società.

Loro sono il funesto demiurgo che ti ruba il tempo e lo devi sentire come una spada che ti pende sulla testa, un pensiero terrificante che viene iniettato nella testa come accade con i flashback intrusivi di chi ha un trauma cronico, è un loop che non puoi fermare; devi essere teso, sarà più facile spezzarti, sarai troppo rigido per piegarti e tornare al tuo stato originario, ti rovineranno il tuo cogliere l'attimo come un costante elemento di disturbo di modo da portarti ad uno stato di iper-allerta. Ti porteranno quindi al crollo delle difese immunitarie ed al fallimento, oramai nessuno può negare la funzione sempre più pervasiva della magistratura come organo di repressione del dissenso, nessuna critica è accettata. L'informazione non è tale, ma solo propaganda di indagini che viene spacciata per informazione, grosse o gigantesche operazioni di manipolazioni di massa, frode milionaria?! guardate in quella direzione e non riuscirete a vedere: "gli sfizi ed i vizi delle pute dei servizi". Mi chiedo cosa accadrebbe se un magistrato autorizzasse un giornalista di sinistra a dire tutta la verità su di loro, dandogli accesso a tutti gli atti del CSM ed autorizzandolo a pubblicare nomi e codici fiscali dei magistrati. Penso che la risposta del giornalista sarebbe: *domine non sum dignus*. Mi rifiuto di farmi chiudere la bocca e partecipare a questa porcata ed alla cappa di silenzio che la sostiene. Mi indigno quando scopro che scrittrici come Ornella Mariani vengono denunciate per vilipendio alle istituzioni (Articolo 290, depenalizzato) e si trovano le forze dell'ordine in casa a fare una perquisizione, ...vilipendio a cosa? è come se sapendo di un magistrato che picchia la moglie si vada in giro a raccontare che è vviolento, questoti denuncia e poi ti fa perquisire in casa. Anzi a proposito di violenze, conoscete il "libro nero magistratura" di Stefano Zurlo? Qui un magistrato picchia la moglie fino a far sì che debba intervenire l'ambulanza e la polizia non lo ferma, ma si comportano come dei cani che obbediscono. Perché lo fanno? temono il magistrato come se fosse un mafioso che ti può distruggere? Inoltre, perché negli organigrammi dei tribunali a fianco al nome e cognome del magistrato non è pubblicato il suo codice fiscale oppure perché non gli viene assegnato un codice univoco per riconoscerlo? Non deve essere identificato in caso di querele o esposti?

In un video estratto da un programma televisivo dell'anno duemilacinque

Travaglio parla del fatto che Andreotti ha incontrato il capo di cosa nostra dei tempi, Stefano Bontate, il quale si lamentava di Piersanti Mattarella. Andreotti ascolta quello che ha da dire Bontate, ma non avvisa le forze dell'ordine. Sei mesi dopo, Mattarella viene ucciso dalla mafia ed Andreotti si reca ad incontrare Bontate a chiedere spiegazioni del gesto. Il capomafia risponde «adesso comandiamo noi». Per questo Travaglio, definisce Andreotti mafioso e sottolinea che quanto raccontato lo dicono dei giudici della corte d'appello: tutti nello studio televisivo accettano questa versione ed applaudono. Appare una gravissima decontestualizzazione, considerando che i PM spesso nemmeno leggono gli atti, o leggono ciò che fa comodo come nel caso della corte d'appello esposto nel capitolo: appelli bresciani. Si dovrebbe dire: La situazione del periodo era paragonabile ad una situazione di rapimento con ostaggi, in ostaggio, in questo caso, c'è un intero stato, il braccio armato del rapimento sono i mafiosi, chi li manovra sono menti brillanti, agenzie che governano da lontano, molte cariche dello stato si sono prostrate in cambio di privilegi, fama, per apparire uomini dalle mani pulite. Alcuni politici non si sono voluti sottomettere, hanno dovuto/voluto fare la parte del mediatore ed iniziare una trattativa, proprio come accade con i rapimenti con ostaggi. Vi è un mediatore che tratta con gli esecutori materiali del rapimento al fine di non far morire gli ostaggi e trovare un accordo. Quando uno dei rapitori non vede soddisfate le sue richieste, inizia ad uccidere gli ostaggi, funziona così: «datemi quello che chiedo oppure ammazzo un ostaggio ogni ora». Quando un ostaggio viene ammazzato il mediatore chiama il rapitore e chiede cosa è successo, rassicura che stavano tentando di soddisfare le sue richieste, il rapitore non vuole sentire ragioni, «da oggi comandiamo noi», sapendo di essere spalleggiato da potenti organizzazioni legate ad ambienti governativi. Si tratta di organizzazioni in cui non si esclude vi appartengano anche i giudici che indagano il mediatore per deviare l'attenzione dal sistema corrotto. Guardando la trasmissione sotto un'altra prospettiva sembra di essere nel film "V for vendetta", dove nell'ufficio dell'emittente TV, che racconta stupidaggini e con applausi falsi, il manager parla con una collaboratrice, la quale gli domanda «Dici che la gente si beve queste boiate?»

Il manager le risponde «Il nostro compito è riferire le notizie, non fabbricarle, quello è compito del governo», appare che siamo da moltissimi anni nel "governo delle toghe". Non ho preso soldi da nessuno per scrivere queste righe, gli ospiti giustizialisti di parte invece il cachet per il teatrino a favore del "governo" …li hanno presi.

Il giornalista Marco Travaglio è protagonista di un format attuale (2024) dove praticamente insulta l'operato del ministro Nordio e in questo caso nessun magistrato ha fatto una denuncia per vilipendio alle istituzioni, nessuna perquisizione, quindi non è doppiopesismo questo? A proposito di questa trasmissione in cui si parla di alcuni spacciatori che si sono rivalsi contro il denunciante dando la colpa ad una riforma Nordio: che cosa si potrebbe dire per onestà intellettuale? Questi delinquenti non possono chiamare delle toghe e divise rosse collusi e dir loro: «Perseguita ed arresta chi ci ha denunciato, distruggi gli atti, fai scrivere dalla PG che siamo persone inesistenti».

Vogliono parlar male del Ministro della Giustizia, scrivano il punto di vista delle toghe sporche: Criminale questo Nordio, non se lo fa succhiare a spese dei contribuenti, non favorisce lo spaccio di stupefacenti, non si unisce in sodalizi criminali, anzi vuole distruggere interessi corporativi. Ha fatto una riforma per eliminare uno dei crimini più perpetrati dai magistrati corrotti, un sequestro di persona e tortura chiamato arresto preventivo, spesso basato su documentazione che sembra la trama di un grottesco film da fantascienza e su intercettazioni trascritte col metodo "arlecchino". Non vi sono conseguenze per gli attori di tale gesto: nel format Travaglio dice «Nordio è stato magistrato per quarant'anni…odia i magistrati…doveva fare il ladro», sarebbe come dire: «hai fatto per molti anni il maestro d'asilo ed hai scoperto che il novanta per cento di questi maltratta i bambini e li odi per questo…ora fai il preside di un asilo, ma non devi prendere provvedimenti contro questi maestri d'asilo, in fin dei conti "i maestri d'asilo fanno il loro lavoro": se odi i maestri d'asilo fai altro, mangia i bambini (così diventi comunista)».

Tu che non accetti questi abusi e vuoi sputtanarli, non sei nella distribuzione gaussiana, quindi, devono epurare chi è fuori dalla loro curva della normalità. Avete dei dubbi? Pensate a questo: I magistrati sono gli uomini più potenti d'Italia, di fatto alcuni di loro probabilmente pensano che magistratura sia un sinonimo di monarchia togata, ma stranamente il rating del paese è basso, il rating si basa sulla certezza di giustizia. Perché i giornali non ne parlano e le TV lo stesso a reti unite? I media, servi rossi, hanno messo in atto la rimozione del pensiero critico, quindi è proibito riconoscere la realtà, vietato fare domande. Si fa banalizzazione di sistemi complessi? Davanti all'ingiustizia non esiste la neutralità, la combatti o la condividi. Il silenzio è complicità ed io mi rifiuto di parteciparci, siamo passati dalle operazioni gladio alle operazioni glande. Il Dott. Scarpinato, un noto magistrato ora in pensione, parla di Marcello dell'Utri come di un Mafioso d'élite e disse in una video intervista «È possibile non vedere un elefante in una stanza (riferendosi alle stragi del novantadue), in Italia è possibile», forse il dott. Scarpinato e colleghi non vogliono ammettere che l'elefante ha la toga, ma deve essere dichiarato persona sconosciuta, come insegna il palazzo di giustizia di Milano.

Probabilmente le stragi del novantadue e mani pulite sono

marionette manovrate dalle stesse mani, qualcosa che abbiamo davanti agli occhi come un chiodo nel muro in una stanza che è presente da decenni, ma nessuno ci ha mai fatto caso.

Questo è il paese della percezione alterata della realtà, dove i cittadini sono trattati come dei bastardi senza gloria e le cellule cancerose della giustizia sono dei miserabili glorificati, ma la cosa più grave è il servilismo volontario. I magistrati sono le nuove star e vi è una spasmodica rincorsa dei servi a voler essere le *groupies* della *band* che suona ai media. Proprio come negli anni Settanta si nega l'evidenza della connessione, allo stesso modo delle *groupies* che dicevano «Niente sesso, solo pompini (ops, traduzioni)». Chi ha frequentato anche poco la giustizia italiana, sa che viene definita un tritacarne da cui stare lontani. Chi ha voluto guardare meglio ha potuto notare un sistema alienato; l'ambiente, il quale vince sempre sull'individuo, li ha divorati. Probabilmente molti di coloro che operano nel settore giustizia non sono poi diversi dalla dottoressa che curava i tumori con ultrasuoni e radiofrequenze che una perizia psichiatrica nel 2024 ha valutato, "parzialmente incapace di intendere e di volere; ma anche, socialmente pericolosa e non in grado di esercitare la professione medica". L'ambiente giudiziario ha generato persone similari, socialmente pericolose e non in grado di esercitare la professione del magistrato. Non leggono atti, delegano ad una PG incompetente se non corrotta, violano le norme quando fanno le sentenze, senza basarsi sulle leggi vigenti, ma in sfregio a queste.

Pensate al procedimento Ruby mettendolo in confronto con quello Frida: vi risulta che Ruby abbia mai estorto, minacciato, facesse parte di associazioni a delinquere? Valutate il clamore mediatico per la morte di Imane Fadil, mentre sono morti nell'ombra Nicola Cherchi il Sardo e Gigi di Marco. Fatevi alcune domande. Secondo Marco Travaglio Berlusconi era mafioso perché pagava il pizzo alla mafia, anziché riscuoterlo come fanno i mafiosi, perché aveva lo stalliere Mangano che parlava dei cavalli che secondo alcuni erano i kg di droga. Quindi, Travaglio, un giornalista famoso, da anni presente spesso in TV, ha scritto trenta libri su uno che ritiene un mafioso, un uomo ricchissimo, ma non ha subito mai nessun attentato, né un'auto bruciata, né un proiettile nella cassetta della posta. Chi ha denunciato il pilu traduttorio ha collezionato centocinquanta anni di imputazioni e due persone che erano informate su Frida e le sue amicizie (Nicola e Gigi), muoiono per malori illudendosi di vivere in uno stato di diritto. Allora dov'è la mafia? Di recente è stato introdotto il reato di Gaslighting, la definizione più breve e corretta è: disimparare a fidarsi dei propri sensi. Quindi, da settant'anni una parte dello stato ci infligge addosso in modo collettivo questo reato? Oltre a quello che è stato fatto per proteggere i loro segreti, come esposto in questo libro.

J.F. Kennedy disse «Il grande nemico della verità molto spesso non è la menzogna: deliberata, creata ad arte e disonesta; quanto il mito: persistente, persuasivo ed irrealistico». A nessuno appare che, con la nascita di mani pulite, si è creato il mito dei magistrati eroi e perfetti? Se mai verranno effettuate le indagini, voi detrattori di Berlusconi non completamente asserviti alla sinistra o alla magistratura corrotta, visti i personaggi come Frida, le sorelle, i complici in divisa e senza, una volta soli, in cuor vostro direte, "scusa Silvio, scusa, scusa, perdonami". Riciclando un'espressione del nuovo testamento si potrebbe dire che i suoi detrattori ed i servi fanatici della magistratura, hanno guardato la pagliuzza nel suo occhio e non la trave (rossa) che è nel loro. Queste righe non sono un inno ad essere Berlusconiani, questa non è propaganda politica, è il mettere davanti agli occhi i fatti di "chi giudica chi". Berlusconi non l'ho mai visto, non ho mai avuto contatti con lui o con suoi collaboratori. Non ho mai ricevuto favori, non ho conflitto di interesse e non ho nemmeno interesse nello screditare giornalisti, oppure quei pochissimi onesti che lavorano nel settore giustizia. Voglio staccarmi dalla completa disonestà intellettuale presente in questo paese, rifiutandomi di tenere la bocca, chiusa opponendomi al persistere della cappa di disinformazione e invitando chi legge a porsi la domanda: A chi giova tutto questo?

Ho seguito per un periodo in YouTube il format "passaparola" di Travaglio, ho visto titoli come: "Craxi al netto delle tangenti", "Bettino che stai nei cieli". Qualcuno farà o potrà mai permettersi di fare analisi dei fatti qui esposti con titoli come: "Carriere Superiori Magistrati al netto del pilu", "Toga rossa che stai nei tribunali". Stranamente i media servi non mostrano i video di Bettino Craxi quando spiegava le false dichiarazioni di irreperibilità sulla sua persona o le sue dichiarazioni sull'Europa, secondo la sua previsione, limbo o un inferno per questo paese. In questo paese andrebbe realizzato un film sulla scabrosità della magistratura e un titolo ottimo potrebbe essere: *"Toga decadence"*. Teoricamente in un paese libero si dovrebbe poter fare questo film, ma qui nessuno osa. Altrimenti lo arrestano e gli confiscano tutto: attenzione però a dire di essere in un regime di toghe rosse, tutti bravi a fare i manettari con i polsi degli altri, insomma "le cellule cancerose fanno il loro lavoro" ed è perfettamente vero. Infatti, le cellule dei tumori che distruggono l'organismo continueranno a fare il loro compito anche se alla fine quando morirà l'organismo invaso all'interno del quale si sono sviluppate, sarà anche la loro fine.

L'accerchiamento subito, non solo nell'ultimo anno, appare un sistema nascosto di clientelismo mafioso, dove il trofeo è condannare chi non si sottomette, come se in modo carbonaio, paragonabile alla loggia Ungheria, qualcuno dicesse: «Io ho condannato colui che si è ribellato denunciando il pilu traduttorio, quindi merito un premio, una promozione». Forse verrò ricoperto di denunce e poiché come esposto i magistrati fanno sentenze svincolate dalle norme giudiziarie, colgo l'occasione per spiegare che ogni eventuale denuncia sarà oggetto di esposto al CSM e sputtanamento, dove oltre alla lite "pusillanime" ci saranno anche altre violazioni, poiché non solo non vi è nulla di antigiuridico in questo libro, ma molto di antimafioso ed anti-eversivo.

Vi sono delle scriminanti che regolano cosa è un reato:
Se lo si fa per salvarsi, questo libro è la mia legittima difesa, in questo modo i magistrati corrotti, i quali si credono

più furbi di tutti perché vivono in un regime di, per ora, intoccabili, non potranno far finta di non capire quella che appare un'unica regia dietro molti fatti.

Un reato può essere commesso per un fine superiore, nel caso specifico rendere noto un sistema definibile mafioso il quale costituisce un pericolo per la collettività.

Inoltre, non è punibile chi ha commesso il fatto per esservi stato costretto dalla necessità di difendere un diritto proprio od altrui contro il pericolo attuale di un'offesa ingiusta, sempre che la difesa sia proporzionata all'offesa. Non è punibile chi ha commesso alcuno dei fatti preveduti dall'articolo 595 [diffamazione] nello stato d'ira determinato da un fatto ingiusto altrui, e subito dopo di esso.

A causa di certi comportamenti subiti, anche solo furti ai miei danni e ricettazioni, sono in uno stato di rabbia costante. Ricordo inoltre ai corrotti che nonostante può essere considerata diffamatoria una notizia vera che danneggia l'onore ed il decoro della persona: è necessario preventivamente avere onore e decoro per lamentarsi in un secondo tempo di averne subito un danno. Il loro onore e decoro appaiono quello dei personaggi del romanzo: "I Miserabili" di Victor Hugo. Considero questo libro una spada e un trasparente scudo blindato che creo per separarmi dal paradiso degli orchi rossi e per poter contrattaccare. Comunque, in caso di imputazioni potrò fare un blog, magari creo una rubrica dal nome: "balle spaziali nei tribunali", dove citerò i nomi completi dei magistrati.

In relazione al prossimo capitolo vi invito a pensare alle opere di Shakespeare, che fa intendere quale sia il ruolo ed il potere di un giullare. Il grande giornalista Indro Montanelli fece un discorso sul ruolo del giullare: "il poter dire quello che non può essere detto".

Raccontare quello che succede, è esercizio del diritto di critica e della libertà di espressione. Quando si raccontano cose vere, è prova liberatoria. Quindi, nessuna tipologia di reato viene compiuta, in quanto si è liberi di criticare i provvedimenti emessi da un magistrato.

Sarà inutile ogni perquisizione personale, domiciliare e sequestro di dispositivi. Dopo i furti subiti ho decine di copie e la diffusione del materiale è dovuta al fine di evitarne distruzione di prove.

Non posso escludere che dopo la pubblicazione di questo libro ci sarà un esercito di maggiordomi in divisa pronti a mettersi in mostra, andando dai loro padroni in toga dicendo «Volete che lo arrestiamo, creiamo una flagranza di reato, lo diffamiamo sui giornali? Cosa facciamo? lo circondiamo con trenta auto e chiamiamo i giornalisti collusi? Usiamo le *bodycam* per fare filmati arbitrari, poi editandoli per stravolgere i fatti come piace a voi? dovete solo chiedere. Il depistaggio è il nostro mestiere, noi siamo a disposizione, non ci può fare niente, faremo in modo che non possa reagire, noi siamo la lama dell'ascia che abbatte i vostri oppositori e voi siete il rosso manico che illude i cittadini di essere dalla loro parte. Dirigeteci dove volete, faremo a pezzi chi non si conforma, siete i nostri duci: toga, toga, toga, toga, toga, toga, toga, toga»

Qualcuno pensa che non si possa fare nulla contro un sistema come questo, colgo l'occasione per spiegare nuovamente il concetto di Karma: a quattordici anni chiesi di essere messo nuovamente in un affido famigliare, quelli del servizio sociale mi risero in faccia lasciandomi torturare. Chiesi al V di mandarmi a fare un anno di studio all'estero e lo zio si oppose, dicendo «No, a me non mi sta bene che ti diplomi, o' dico io che so' stato in polizia, io t'ho preso in affido per poterti rovinare». Nonostante il mio «Ma poi non torno più, mentre studio lavoro, non torno più, non mi vedrete mai più» mi venne risposto «A me non mi interessa, a me non mi sta bene che studi», quindi, lo stato mi ha abbandonato consapevole di dove ero. Se non lo avesse fatto, io avrei finito gli studi e avrei fatto il *freelance* in un paese asiatico (avrei chiesto l'anno di studio all'estero in asia) a bassissima criminalità, avrei scritto uno spaccato del servizio sociale italiano, non sarei mai tornato in questo paese e mi sarei fatto la mia vita in una megalopoli da almeno cinque milioni di abitanti. Nessuno avrebbe fatto indagini sul pilu traduttorio; invece, sono stato vincolato a questo stato per colpa del danno biologico inflittomi, sicuramente proprio a causa di quegli eventi non sono riusciti a piegarmi nonostante la tortura, le calunnie, le imputazioni, i depistaggi. Quante erano le possibilità che durante l'ennesimo atto mafioso a bergamo, una città dove nessuno si ribella se non a parole, trovassero ad opporsi un soggetto che era stato cronicamente maltrattato e torturato per un lungo periodo (dai quattro ai ventidue anni)? Dopo una lunga indagine durata diciotto anni (quanto il periodo di abusi prima della fuga, quindi forse un messaggio che di più non posso tollerare) pubblico questi libri che dimostrano i fatti di cui solo i membri del club dei corrotti e/o cretini potranno dire «Sono solo coincidenze, non vi sono nessi tra i fatti, non vi è un'unica regia dietro tutto questo». Il discredito è ciò che temono di più e ciò che più meritano. Provate ad immaginare la punizione per quelli che sono stati solo figure marginali nonostante la gravità di ciò che hanno fatto. Pensate alla figlia del Maresciallo Giordano che viene a conoscenza dei fatti e si rivolge al padre «Quindi, tu sei un bullo che favorisce i criminali e si nasconde dietro la divisa? Ma, la mamma si è fatta sbattere ed in ingravidare da uno come te?» oppure, i figli, se ne ha, del Maresciallo Rani «Ma; quindi, fare il carabiniere significa aiutare quelli che sfruttano le persone come bestie, tu sei questo?». Sul Maresciallo Selvaggi oltre all'omessa denuncia e al depistaggio emergerà il nome della donna che ha chiamato chiedendo di far annullare una multa che altri carabinieri gli stavano dando e farà una misera figura davanti a tutti. Oltre alla debita figura che farà lui e tutta la caserma agli occhi delle persone, soprattutto quelle a lui care. Potrei andare avanti all'infinito; è la dimostrazione di un ripetersi di cicli, tutto torna, potete chiamarlo legge dell'entropia anziché karma se volete essere più scientifici.

Il 14/12/2024, una buona notizia che dimostra la legge del Karma, "Il Giornale" pubblica un articolo: "Nordio a gamba tesa su Davigo: "È un pregiudicato"; La stoccata del ministro della Giustizia ad Atreju: "Abbiamo avuto un protagonista di Mani pulite, condannato in via definitiva".

Lo spessore morale dei PM che atteggiandosi a puri eroi volevano rivoltare come un calzino l'Italia è paragonabile allo spessore dell'imene di una pornostar. Loro, bugiarde pornostar millantatrici di verginità, volevano essere le madonne, madonne a cui il popolo doveva inginocchiarsi. Nel momento in cui hanno passato il concorso pubblico hanno compreso di non aver mai avuto nessun tipo di verginità, nemmeno mentale. Hanno puntato il dito sugli altri come se fossero criminali perché lo dicevano loro, inquisitori uguali a quelli del medioevo che con la tortura dovevano vedere confermati i loro somari teoremi accusatori. Si sono protetti, nelle loro nefandezze, grazie ad una guerra comunicativa messa in atto obbedendo ai padroni occulti, a cui si sono messi a disposizione senza nessuna resistenza.

Non posso escludere che questo libro aiuti a far imputare e condannare in via definitiva un altro ex PM di mani pulite.

Mi sono chiesto come sarebbe stata la mia vita se non fosse accaduto tutto questo, come avrei vissuto, indipendentemente dal pregresso, …forse avrei fatto un mutuo, mi sarei trovato una ragazza, avrei pianificato le attività di vita mondana per goderne a pieno. Sicuramente avrei potuto concentrarmi sul lavoro, studi e salute senza sabotaggi, forse me ne sarei andato da questo paese, penso a tutto quello che mi sono perso per colpa delle toghe rosse e servitori.

La mia considerazione finale è che poteva andare peggio, potevo essere allineato all'apologia di omertà, essere un loro servo, un finto libero. Mi ritengo fortunato, e, dopo aver visto l'intelletto, lo spessore morale ed etico di coloro che operano nel settore giustizia e del loro *entourage*, di quello che è stato fatto "**in nomine pilu**", alla luce di come sono stato trattato, posso dire con orgoglio: «meglio figlio di troia, che figlio di toga», ovviamente rossa.

Godetevi la favola dell'ultimo capitolo, una favola in cui ogni riferimento è puramente voluto.

VIII

IL GUARDIANO E I TRE BEATI PAOLI

> Anche la bestia più feroce
> conosce un minimo di pietà. Ma
> io non ne conosco, perciò non
> sono una bestia. (Riccardo III)

> Per arrivare all'alba non vi è altra
> via che la notte
> (Gibran Khalil Gibran)

In una riunione della confraternita ungherese ci sono il Guardiano Rottozucca e tre beati Paoli.

Rottozucca «Ebbene miei Paoli, è mezzogiorno in punto, quindi, confratelli, facciamo l'appello, pota: Paolo Porcuraro di nome e di fatto, allievo di Rasiogambi, governatore della collina dell'omertà»

Paolo Porcuraro «Presente, pota»

Rottozucca «Paolo Bafrizi, il principe dei vizi, allievo di Minigel»

Paolo Bafrizi «Presente, pota»

Rottozucca «E per ultimo, ma non meno importante, Paolo Carbonella, con l'anima più nera di qualsiasi buco essere umano abbia mai visto»

Paolo Carbonella: «Presente, pota»

Rottozucca «Ebbene miei Paoli, io Rottozucca l'avente grado di Guardiano Del Pilu (GDP) vi ho riunito oggi affinché mi illustriate la situazione»

Paulo Porcuraro «Siamo riusciti a rubare i computer e documenti con le prove della gagna magagna a protezione del buco della cuccagna; l'innominato comunque continua nelle sue operazioni»

Paolo Bafrizi «Si, non molla, ma siamo riusciti a rubargli i computer con le prove»

Paolo Carbonella «Che bella notizia! non ero stato informato»

Rottozucca «Raccontatemi miei Paoli, come è successo?»

Paolo Porcuraro «Il nemico si è rivolto all'avvocato nome in codice Gino e gli ha illustrato la situazione del nostro sistema: c'erano diverse registrazioni audio, video e foto che avrebbero creato problemi, oltre al fatto che aveva chiesto a Gino di estrarre gli atti del procedimento in cui è stata denunciata la traduttrice. Gino aveva l'ufficio presso l'agente Er mago Brino la fiacca, colui che delinque anche mentre fa la cacca, Gino gliene ha parlato ed il resto è ovvio»

Rottozucca «E come è andata? intendo come si è svolto il tutto, erano anni che cercavamo l'ubicazione del target?»

Paolo Porcuraro «Nel duemiladiciannove gli abbiamo rubato i computer e nel duemilaventi prima che riuscisse ad accedere agli atti, abbiamo distrutto la sentenza dal fascicolo»

Rottozucca «Bene, datemi maggiori informazioni»

Paolo Bafrizi «Inizialmente abbiamo chiesto aiuto al mago Brino la Fiacca, ma ha fallito al primo tentativo, sei mesi dopo abbiamo riunito le forze e grazie ad un mio collega, un uomo di dio in pensione, ed a Saladino, il disonorato onorario, siamo riusciti a rubare tutti i computer. Successivamente Er mago li ha fatti consegnare ad un suo uomo di fiducia, l'uomo di Salomone Damasco.»

Rottozucca «Bene, altri dettagli?»

Paolo Porcuraro «Abbiamo convinto una complice ad inscenare un'aggressione per tenerlo lontano dai suoi computer e contemporaneamente gli abbiamo svuotato il seminterrato che usava come ufficio, la complice ha eseguito tutto alla perfezione distruggendogli anche il telefono per essere sicuri che non avesse prove all'interno»

Rottozucca «Ha fatto denuncia?»

Paolo Bafrizi «Sì, ma nel primo caso tramite un nostro uomo che fa parte di cosa rossa, un fedelissimo, un gallo del covo delle toghe rosse, un vero Pubblico Mafioso ed una sua collega, è stata chiesta l'archiviazione senza fare nessuna indagine. Nonostante avesse messo un registratore ambientale nell'appartamento, l'uomo di Dio e Saladino sono stati considerati soggetti sconosciuti anche se le loro identità erano palesi e della presenza dell'avv. della domenica non ci sono prove»

Rottozucca «Bravi, Bravi e per il secondo furto?»

Paolo Porcuraro «Aveva un seminterrato in affitto dal mostro dei mosaici, questo e compari gli hanno fatto sparire tutto, la zona è sotto la giurisdizione del Maresciallo Nari, il quale rifiutò ben due volte di redigere una denuncia, anche qui archiviato senza nessuna indagine effettuata. Inoltre, voleva tentare di recuperare i dati da dei vecchi hard disk, ma grazie al collega detto il selvaggio, colui si vende per un pezzo di pesce, anche da allevamento, La carrozzeria amica sua contigua con il vicino e l'evasore ventennale, frodatore di banche ha fatto eliminare tutto quanto era stipato nel magazzino segreto e non potrà più recuperare i dati. Anche in questo caso la denuncia è stata rifiutata in caserma; il tutto è stato distrutto in modo selvaggio in onore al nome del collega che ci ha supportato, di modo da evitare che avesse nascosto qualche memoria all'interno dei veicoli presenti nel capannone»

Rottozucca «Quindi non ha nessuna prova oramai?»

Paolo Bafrizi «La sentenza è sparita, ma ha detto all'avv. Gino di averti visto con l'avvocato Sastetti che confabulavate ad alta voce»

Rottozucca «Cosa ha sentito?»

Paolo Porcuraro «Parlavi ad alta voce, ti ha sentito sia l'innominato che il suo avvocato e sicuramente il PM Onorario. L'avv. Sastetti è entrato nell'ufficio collegato con l'aula mentre ti stavi mettendo la toga e ti ha detto all'orecchio: "Allora, facciamo come da accordi, io gli faccio domande a raffica e lei lo zittisce". Rottozucca hai annuito e detto sì»

Rottozucca «Ebbene, quindi ci sarebbe il problema che mi ha visto che mi accordavo con l'avvocato Sastetti? Inezie, non arriveremo nemmeno a processo e la sua vita intanto è nel cesso»

Paulo Porcuraro «Bravo, vero, pota»

Paolo Bafrizi «Vero, pota»

Paolo Carbonella «Vero, pota»

Rottozucca «Per le toghe rosse non ci sono prove, è solo la sua parola, noi da tempo stiamo facendo in modo che non sia considerato attendibile; cosa pensate che faranno? andranno forse a cercare scaglie del mio glande nell'orifizio di qualche traduttrice senza mutande?»

Paulo Porcuraro «Bravo, vero»

Paolo Bafrizi «Vero»

Paolo Carbonella «Verissimo»

Rottozucca «Bisogna rispettare le regole, come scrisse Dante dei soffoconi lusinghieri in merito alla sua amata Meretrice:

"Tanto bella e tanto onesta pare
la meretrice mia quando la fella altrui
traduce
ed a delinquere la induce
atteggiandosi pari ad un duce
lei è la nostra luce
null'altro se ne deduce"»

Paolo Bafrizi «Comunque ci ha procurato un bel danno, due anni dopo la denuncia abbiamo dovuto dire ad ugola rossa di trasferirsi dalla città dei mille contrasti onorati»

Paolo Porcuraro «Vero»

Paolo Carbonella «Che brutta situazione»

Rottozucca «Infatti è da tempo che non portate più traduttrici»

Paolo Bafrizi «Dopo quella denuncia è diventato tutto più difficile»

Rottozucca «Quanto difficile? Intendete dire che non si trova più pilu traduttorio da porta nuova a Montecitorio?»

Paolo Porcuraro «Molto peggio»

Paolo Carbonella «La situazione molto più grave»

Rottozucca «Intendete dire che nemmeno dall'estero?»

Paolo Porcuraro «Esatto mio caro conterraneo»

Rottozucca «Intendete dire che non si trova più pilu frisco da BGY a San Francisco?»

Paolo Bafrizi «Confermo, questa è la situazione»

Rottozucca «Ha sabotato l'ultraventennale operazione pilu-depilato-a-spese-dello-stato, MALEDETTO!!! la pagherà carissima, che sofferenza: "senza delle traduttrici fellatio, la vita è uno strazio!", siamo passati da hakuna matata ad hakuna patata. Vogliamo Immediatamente Trovare Ragazze Interessate Orali Linguistici. Stiamo attuando la fase due come da prassi? mi confermate i fatti? Dopo che abbiamo imbrogliato le carte insabbiando i furti, ora, come da protocollo, gli stiamo facendo una molteplicità di imputazioni per tenerlo occupato, come gli è stato fatto dopo l'insabbiamento del duemiladieci? La procedura è quella standard come è sempre stato fatto negli anni per personaggi che ci sono stati comodi, facendoli passare per delinquenti. Lo abbiamo fatto anche per importanti politici come Andreotti o Craxi».

Paulo Porcuraro «Esatto»

Paolo Bafrizi «Si, abbiamo dei colleghi nel milanese che ci stanno dando una mano»

Paolo Carbonella «Molto bene»

Paolo Porcuraro «Si, grazie anche al Er Mago Fiacca abbiamo trovato altri sodalizi, gli hanno rubato l'identità per farlo imputare, addosseremo la colpa su di lui»

Paolo Bafrizi «Gli abbiamo costruito un'imputazione per ricettazione: in questo modo abbiamo scoperto dell'esistenza del magazzino segreto, ma potrebbe essere utile anche per infliggergli una condanna usando atti falsi. É la terza volta che ci proviamo, se il PM è come la Mery Christie siamo a cavallo, la condanna è assicurata e ce lo leviamo di torno»

Paolo Carbonella «Abbiamo fatto intervenire anche la Direzione Investigativa Anti–denuncianti (DIA), inoltre, in questo modo alimentiamo il fascicolo dei precedenti di polizia di modo che ogni volta che riceve una nuova imputazione vedano una lunga lista di precedenti indagini».

Paolo Porcuraro «Siamo sicuri di farcela questa volta? È dal duemilasei che ci proviamo? Le abbiamo provate tutte, false indagini per spaccio, minacce, tortura, distruzione finanziaria, gli abbiamo portato via tutto, ma nonostante questo non molla.

Dobbiamo fargli fare un po' di anni di galera e poi non ci preoccuperemo più.»

Rottozucca «Sii fiducioso Paolo, abbiamo uomini ovunque, pensa quello che è successo il giorno dell'arresto, in men che non si dica vennero distrutti il codice fiscale e la carta di identità e la patente venne messa nel fascicolo e portata a Sondrio. L'innominato senza documento a sua identificazione sarebbe stato portato nel gabbione dove un nostro uomo lo avrebbe fatto crepare senza esitazione. Un tuo caro amico, giusto Paolo Porcuraro?»

Paolo Porcuraro «Si, il mio amico direttore, nome in codice: non champignon»

Rottozucca «Sì, esatto, la sua fama lo precede, un fedelissimo, un uomo che, con quella manovra ci avrebbe tirato fuori dal liquame, costui di situazioni piene di guano se ne intende, non per nulla è stato arrestato con l'accusa di rubare i WC dal carcere, ma questa è un'altra storia»

Paolo Carbonella «Ma cosa è andato storto?»

Paolo Bafrizi «Lui aveva a casa un pesante pc fisso con dentro scansionati a colori i suoi documenti»

Paolo Porcuraro «Ma come ha fatto? Inoltre, doveva essere sotto la mia giurisdizione, invece era a quindici chilometri da me e non ho potuto muovermi»

Paolo Bafrizi «Non so come sia successo, ma è andato poi a firmare dai carabinieri per sei mesi senza alcun documento»

Rottozucca «Criminale, delinquente, lurido fetente, non poteva cedere? Poteva accettare l'invito con te Porcuraro tramite il fedele Fabri, lo avremmo fatto fuori con un J&B avvelenato.»

Paolo Bafrizi «Che mente sopraffina, il veleno non si sente dentro un amaro»

Rottozucca «Ma no Paolo, avrei scelto il J&B per questioni romantiche, mi ricorda le colonne su cui ho fondato il mio lavoro di GDP: Jobs & Blow, non necessariamente in quest'ordine»

Paolo Porcuraro «Che spessore morale, un santo, mi commuovo davanti a cotanta dedizione ancor più perché siamo originari di vicina regione, lo stesso litorale e dedizione al pilu ci fa accomunare»

Rottozucca «Ora Facciamo un Brindisi, voglio dedicarlo alle profonde gole ed alle ugole delle traduttrici: Alla Gloria Della Grande Apertura Delle Ugole»

I tre Paoli «Siii, Alla Gloria Della Grande Apertura Delle Ugole, Alla Gloria Della Grande Apertura Delle Ugole, Alla Gloria Della Grande Apertura Delle Ugole»

Paolo Carbonella «Ma se facesse altre denunce?»

Rottozucca «Siamo protetti dal centro del supremo management detto anche CSM»

Paolo Bafrizi «Centro del supremo management?»

Paolo Porcuraro «Centro del supremo management? Cosa intendi?»

Rottozucca «Non siate ingenui miei Paoli: Secondo voi è un caso che sia arrivata la cavalleria rossa ad arrestarlo ed a diffamarlo sui media quando non vi erano nemmeno gli estremi per l'imputazione?»

Paolo Bafrizi «Infatti, me lo sono chiesto, ed anche Minigel»

Paolo Porcuraro «Io vorrei saperne di più»

Paolo Carbonella «Anch'io»

Rottozucca «Miei Paoli, al Centro del Supremo Management si può sostenere che per assegnare determinate poltrone ci sia stato dalla toga dotata di immunità de ferro un sms con un testo che posso sintetizzare in: "il cavaliere che dallo scandalo del pilu leak ci ha salvato, assieme a corda da ormeggio deve essere incoronato. A capo di una procura è destinato."; Non posso dire altro, ma come scrisse Dante dei soffoconi lusinghieri: *vuolsi così colà dove si puote ciò che si vuole e più non dimandare, lu sacro pilu non sa' da denunziare*»

Paolo Bafrizi «Amen, pota»

Paolo Porcuraro «Così sia, pota»

Paolo Carbonella «Pota, ma c'è stato il caso dello scandalo, è stato una palla amara per la magistratura. É stato assolto, ma se facessero indagini su questa situazione?

Rottozucca «Non siate pavidi, ho capito; voi non temete gli 007, ma gli 06121 del gruppo di Fiorenzo di Lorenzo; siate sereni; questa volta nessuno autorizzerà le indagini, anche i migliori se ne vann—»

Paolo Porcuraro «Chi è morto? pota»

Paolo Bafrizi «Pace all'anima sua, pota»

Paolo Carbonella «Pota, requiem»

Rottozucca «MIEI BEATI PAOLI, non interrompete! Intendevo; anche i migliori se ne vanno…in pensione, per nostra fortuna, non dovete temere, per ora non c'è tra gli 06121 un cavaliere senza macchia che crede nell'abito che indossa, non vi è un per noi un non Fausto cavalier Lacardel»

Paolo Bafrizi «Bene, siamo salvi dallo sputtanamento»

Rottozucca «Comunque, l'innominato mi sta antipatico a priori; cos'è tutta questa fissazione per la giustizia?!, ditemi miei paoli, qualcuno di voi ha ricevuto una traduzione dalla giustizia? anche senza ingoio»

Paolo Bafrizi «Pota, io no»

Paolo Carbonella «Pota, io nemmeno»

Paolo Porcuraro «Io mai, pota»

Paolo Carbonella «Comunque abbiamo un'anomalia»

Paolo Bafrizi «Che anomalia?»

Rottozucca «Cosa intendi?»

Paolo Porcuraro «Si, cosa?»

Paolo Carbonella: «Molti anni orsono, l'innominato diciannovenne, fece un'incidente d'auto, aveva ragione, si allontanò, portando i carabinieri sul posto, io ero sull'auto di pattuglia e per motivi che non posso dire io volevo che lui si prendesse il torto, lo minacciai, ma non volle cedere, nonostante il mio fare da mafioso. Poi arrivò il padre e rendendomi conto che aveva problemi mentali, cercai di circuirlo, dicendogli «Mi dispiace ca simo paesani». Non ci fu nulla da fare, anche dopo aver circuito il padre che iniziò a minacciare l'innominato; l'innominato sapeva molte cose di me, lavorava come barman la sera in un night club e conobbe l'ex titolare del night club, *Le chateu*, Roby. Questo club da me frequentato era stato chiuso per prostituzione anni prima. Roby confidò i fatti miei, rischiavo grosso per le informazioni che aveva acquisito. Avevo anche due persone pronte a testimoniare il falso, ma nulla, non voleva sottomettersi e prendersi il torto. Quindi, tutti d'accordo, il giudice designato si dava sempre malato. Poi arrivasti tu Rottozucca a salvarmi, chiudendo la questione in fretta e facendogli incassare i soldi dall'assicurazione»

Rottozucca «Dici che l'innominato ha la memoria lunga?»

Paolo Bafrizi «Pota, non so che pensare»

Paolo Carbonella «Nemmeno io, pota»

Paolo Porcuraro «Ci si può aspettare di tutto, pota»

Rottozucca «Silvio è morto ed i media sono a noi asserviti, nessuno gli darà spazio, diremo che sono farneticazioni, il suo sarà un urlo soppresso dal rumore di fondo, il nostro rumore di fondo dura da oltre sessant'anni»

Paolo Bafrizi «È vero, pota, c'è anche il libro: il santo»

Paolo Carbonella «Si vero, pota, con tutte le leggi ad personam»

Paolo Porcuraro «Sì, pota, ho visto la presentazione»

Rottozucca «Appunto miei Paoli, riflettete, Sivio ha dovuto farsi le leggi ad personam mentre se solo guardate quello che abbiamo fatto per la traduttrice, …rubato, estorto, insabbiato processi, distrutto atti, ricettato, favorito ogni tipo di crimine, scopato a spese dei contribuenti, a noi non servono le leggi ad personam, non veniamo nemmeno rinviati a giudizio, fidatevi di me che sono nato prima di voi, anzi, prima del Berlusca»

Paolo Bafrizi «Vero, pota»

Paolo Carbonella «Parole sante, pota»

Paolo Porcuraro «Rottozucca *for president*, pota»

Rottozucca «Ma ora voglio fare una dedica all'ex amica dell'innominato che ci ha aiutato con la sua diffamazione, colei che è andata contro i suoi interessi per alimentare l'apologia di rossa omertà, questo è un successo dell'educazione della nostra amata città; mostratemi la foto dell'estate duemila-diciannove.»

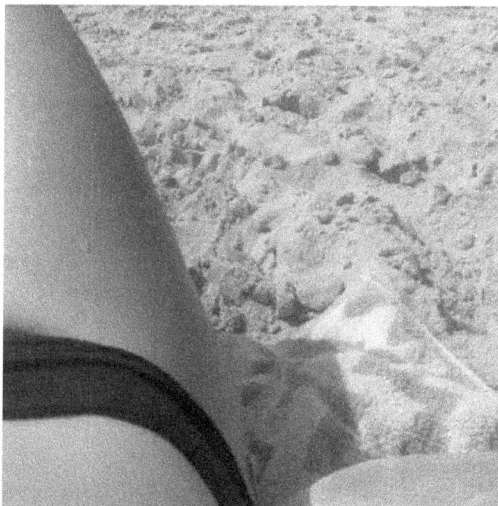

3 likes

elisa_duchi ...E mentre la notte finisce dimmi che male c'è se mentre ballo con lui io penso ancora a te...

#sessionefinita #primafotosuinsta

12 hours ago · See Translation

Laura Rimembri ancora quel tempo di tua
vita mortale
quanto beltà splendea
ed il tuo corpo a sole cocea
mentre stavi al mare con fidanzato non amato
colui che ti avrebbe ingravidato e poi sposato
pensavi al tuo amato,
che con tanto impegno hai diffamato
per questo ognuno di noi ti è profondamente
grato,
voglio ballare con te gli dedicavi
ma alla sera sotto un altro ti sdraiavi
mentre a lui pensavi…
ti fotografavi…
lu pilu, di nero costumato
affinché non apparisse scostumato
dell'omertà sei stata la tana
aiutando le caregiver della nostra banana
era l'agosto omertoso e tu solevi così menare il
giorno

Paolo Bafrizi «Che poeta, pota»
Paolo Carbonella «Mi commuovo, il nuovo Ungaretti, pota»

Paolo Porcuraro «Rottozucca, pota, sei magico»

Rottozucca «Ricordate miei Paoli, se accusati, noi daremo risposte semplici, queste devieranno l'attenzione da noi»

Paolo Porcuraro «C'è un problema»

Rottozucca «Quale, che problema?»

Paolo Carbonella «Si, che problema?»

Paolo Bafrizi «Si, che succede ancora?»

Paolo Porcuraro «L'innominato era in affitto presso il Piso, sa molte cose non vorrei che parlasse, pota»

Rottozucca «Il Piso, intendi il primo spacciatore dell'erede della casata del Levriero, pota, l'ex marito di più bella cosa? colei che noi preferiamo dal lato Roberta?»

Paolo Carbonella «State parlando proprio di lui? Ma negli ultimi vent'anni il Piso ha potuto spacciare proprio grazie alla tua protezione

Paolo Porcuraro, che problemi ci sarebbero?»

Paolo Bafrizi «Pure questa adesso?»

Rottozucca «Il Piso appare avere la SLA adesso, noi lo proteggeremo fino alla fine, sappiamo che, se venisse arrestato, Paolo Porcuraro, direbbe i fatti tuoi, ma è uno che ha sventolato sempre bandiera rossa e noi lo proteggeremo; fatemi pensare...ho trovato, ecco cosa risponderemo»

Paolo Porcuraro «Cosa?»

Paolo Carbonella «Sì, cosa?»

Paolo Bafrizi «Sì, diccelo»

Rottozucca «Noi risponderemo: sono solo canzonette»

Paolo Porcuraro «Canzonette?»

Paolo Bafrizi «Canzonette?»

Paolo Carbonella «Forse intendevi coincidenze?»

Rottozucca «Sì, esatto, intendevo coincidenze, chi diceva canzonette?»

Paolo u Porco «Non lo so»

Paolo Bafrizi «Aspettate, era Maurizio Costanzo, ma era relativamente ad un cantante»

Paolo Carbonella «Ah, sì quello che cantava sulla loggia P2, Rino Gaetano»

Paolo Porcuraro «Ho capito quello che cantava: la zappa, il tridente, il rastrello, la forca, l'aratro, il falcetto, il crivello, la vanga e la terra che spesso ti infanga»

Rottozucca «Ah, sì, ricordo, non oso pensare cosa avrebbe cantato se fosse ancora vivo, su di noi intendo, lo sento nelle mie orecchie:

"Profumo di pilu scacciato dal paradiso
e gli angeli restano su,
una vacanza in piazza Ungheria:
la vacca, il fetente, il bordello, la porca,

l'indagato, il letto, il randello, la bamba
e la procura che spesso ti infanga
a protezione del buco dietro al tanga"»

Paolo Bafrizi «Un vero guaio, pota»

Paolo Carbonella «Pota si, che figuraccia se fosse vivo»

Paolo Porcuraro «Anche questa la abbiamo evitata, pota»

Rottozucca «Torniamo a noi, come stavo dicendo, noi diremo che sono solo coincidenze, non deve trapelare nulla, ma ci pensate a cosa sarebbe accaduto se fosse emerso il tutto mentre infangavamo il Berlusca?!»

Paolo Porcuraro «Non oso immaginare, pota»

Paolo Bafrizi «Sarebbe stato uno sfacelo per noi, pota»

Paolo carbonella «Anche adesso sarebbe un guaio enorme, soprattutto dopo lo scandalo del sistema, pota»

Rottozucca «Sì, esatto, lo sento nelle mie orecchie Saviano»

Siete puttane,
no, anzi, siete traduttrici,
no, puttane delle traduttrici,
no, traduttrici delle puttane
no, anzi, traduttrici delle traduttrici

Paolo Porcuraro «Un incubo»

Paolo Bafrizi «Sì, davvero, e poi gli arresti»

Paolo carbonella «L'abbiamo scampata bella»

Rottozucca «Poi oltre alla scorta anche lo psichiatra gli avremmo dovuto fornire. Comunque ora basta, continueremo con fango ed alterazione della realtà, siamo il paese più corrotto del mondo. Che ore sono, miei Beati Paoli?»

I beati Paoli «Mezzanotte»

Rottozucca «Bene, è ora di chiudere i lavori, rap miei cavalieri»

Sono Peppe rottozucca,
ogni traduttrice me lo succa,
io e l'avvocato sastetti
siamo brothers in pilu perfetti
coi questurini minigel e bafrizi
diamo permessi di soggiorno e vizi
da urbalta arriva caramba Porcuraro
che ha sempre bianca e denaro

**Siamo i cavalieri del pilu prezzolato
perseguiteremo chi le traduttrici ha
denunciato
protettori della bianca cocaina
per chi ci osteggia la galera è assai vicina
portiamo la bamba dall'Albania,
da urbalta la vendiamo anche a tua zia
se parli della nostra maria
ti troverai sul collo la DIA**

se ci denunci le escort sono dolori
siamo dei cani al servizio dei loro umori
Silvio i party doveva pagare

noi sui contribuenti li facciamo
addebitare
venite a noi traduttrici tutta tana
siete carenti di potassio
vi daremo la banana

entriamo in ufficio alle otto
appena arriva una red sparrow ci diventa
barzotto
poi si entra in modalità zuccarotto
ed anche il suo b–side è già rotto
quando abbiamo voglia di una spagnola
andiamo da frank in corsarola

Siamo i cavalieri del pilu prezzolato
perseguiteremo chi le traduttrici ha
denunciato
protettori della bianca cocaina
per chi ci osteggia la galera è assai vicina
portiamo la bamba dall'Albania,
da urbalta la vendiamo anche a tua zia
se parli della nostra maria
ti troverai sul collo la DIA

Le mettiamo tutte a novanta

per noi la bamba non è mai tanta
dal CSM il nostro operato è protetto
dall'ufficio le portiamo tutte a letto
quando ci fanno arrabbiare
le facciamo inginocchiare
traduttrice non prendermi in giro
spalanca la bocca come una cantante a
san siro

ci piacciono ugola e patata
importante è che sia sempre bagnata
della legge noi ci facciamo beffe
ci interessa solo la effe
In nomine pilu non deve essere
pubblicato
è il volere di chi le gambe ci ha spalancato
chi lo farà sarà arrestato
ed al carcere condannato

**Siamo i cavalieri del pilu prezzolato
perseguiteremo chi le traduttrici ha
denunciato
protettori della bianca cocaina
per chi ci osteggia la galera è assai vicina
portiamo la bamba dall'Albania,**

da urbalta la vendiamo anche a tua zia
se parli della nostra maria
ti troverai sul collo la DIA

PILUUUUUUUUUUUUUUUUUUUUU
UUUUUUUUU

EPILOGO

Tre cose non possono essere nascoste a lungo:
il sole, la luna e la verità
(Buddha)

Il tetto si è bruciato,
ora posso vedere la luna
(Misuta Masahide)

Oramai è arrivato dicembre duemila-ventiquattro, ho partorito l'idea di scrivere un libro anziché l'ennesima Pec alle istituzioni ad ottobre dello scorso anno quando compresi definitivamente che il marcio era ai piani alti e continuavano a "piovere" imputazioni. Pensavo che lo avrei finito in estate, ma poi non è accaduto, ho accelerato dopo l'insulto e lo sfregio ai miei diritti in corte d'appello a Brescia.

In passato mi sarebbe piaciuto scrivere uno spaccato del servizio sociale italiano, ma non terminai quello che avevo iniziato, in quanto, ritengo che un libro/romanzo che si rispetti debba avere il lieto fine e comunque si deve vincere o morire nel tentativo di farlo. Per ora, ho ancora i residui del disordine da stress, mi conosco meglio, ma è come vivere con una corazza costrittiva zavorrata, di per sé questa era sufficiente ad impegnare il mio tempo e le mie risorse, ma i miserabili di cui ho narrato hanno voluto mettermi una spada pendente sulla testa o forse una taglia: "morto o condannato". In ogni caso questo libro ha una duplice funzione, di difesa ed offesa.

Qualcuno si starà chiedendo perché ho deciso di servirmi di uno pseudonimo; in primis per i classici vantaggi: proteggere la privacy, evitare parallelismi con la vita personale; lo pseudonimo permette di non compromettere relazioni, inoltre, come si dice, non conta il messaggero, ciò che conta è il messaggio.

Se siete curiosi del significato della parola Kokoro, questa è una parola giapponese che significa: cuore, mente e spirito. Potreste trovare anche la favoletta del robot Kokoro che desidera diventare un essere umano e vi riesce, ma ha un significato diverso da quello del Pinocchio di Collodi. Nobodies, i nessuno, è il riassunto in una sola frase di un'opera di Nietzsche: "Così parlò Zaratustra", dove parla dell'uomo mediocre, compiacente, bestia ecc. come lo sono i personaggi che mi hanno ostacolato, questi, sono al pari delle famiglie affidatarie e di quella biologica da cui provengo. Infatti, io sono figlio di due bastardi, persone che fanno parte dei nessuno. Pur essendo senza aiuto, un signor nessuno, con il CPSD ed anche l'ADHD, di un grosso ostacolo nel conseguimento di obiettivi personali, senza diritti, senza tutela, senza nessuno ad aspettarmi, a preoccuparsi per la mia sorte da qualche parte nel mondo, mi sono opposto ai nessuno che di fatto governano questo paese. Questi sono solo un vestito riempito del nulla mischiato col niente, questo è il kokoro dei nessuno, io con questo libro, rifiutandomi di tacere, mi oppongo e provo a cambiare le cose mostrando ciò che si cela dietro al teatrino in cui ci hanno immerso.

Il mio obiettivo non era scrivere una storia semi autobiografica, ma poiché "i nessuno" mi ci hanno trascinato a forza, ho dovuto.

Mentre scrivevo, mi sono chiesto, come ogni autore, se avrà successo, non per una mera questione economica, ma per mostrare ai pochi sognatori che la libertà è un diritto inalienabile, e quindi, è giusto fare il nome ed il cognome di quanti, responsabili di questi scempi, hanno violato i miei e i vostri diritti.

Credo che la pubblicazione avverrà durante le feste natalizie di quest'anno, lo farò inizialmente in self-publishing al fine di evitare repressione e censura, poi valuterò come procedere. Non mi sono chiesto se diventerà la mia professione, l'obiettivo adesso sarà registrare l'opera per poter affacciarmi al Natale ed al nuovo anno con un'arma per affrontare i miei nemici, senza avere il pensiero assillante di essere indifeso sotto al fuoco nemico.

Voglio essere nel qui ed ora qualsiasi cosa faccia, prendere una *tea* in un bar, parlare ad una ragazza che mi piace, con la consapevolezza di avere una barriera che devierà la spada che mi hanno messo sulla testa e poter attaccare, togliendomi definitivamente il bavaglio che hanno tentato di mettermi. Queste persone non lasceranno perdere, non perdoneranno aver osato, vanno svergognati, di modo da mostrare al mondo quello che sono.

Pensavo che finendo le ultime righe mi sarei sentito come molti anni fa, quando scappai di casa, invece, è come vomitare, questo gesto, solitamente, viene interpretato come negativo, di fatto, è un bene. Nelle terapie olistiche il vomito è visto come un mezzo per la pulizia emotiva ed energetica.

Biologicamente, per cercare di ottenere l'omeostasi, quando si ha all'interno del corpo qualcosa che ci può far male, il corpo prova ad espellerlo, anche con il vomito, e quello che accadrà dopo l'espulsione lo si valuterà successivamente, nel bene o nel male.

15/12/2024

Ad Untrunque Paratus

IN NOMINE PILU

(toghe, escort, cocaina)

Continua…

INDICE

AUTOPARCO DELLE TOGHE

www.ingramcontent.com/pod-product-compliance
Lightning Source LLC
Chambersburg PA
CBHW070342090426
42733CB00009B/1257